Heike

HEYNE BÜCHER

Pardon

Das Buch der Ausreden und Entschuldigungen

Herausgegeben von
Karin Arndt

Originalausgabe

WILHELM HEYNE VERLAG
MÜNCHEN

HEYNE ALLGEMEINE REIHE
Nr. 01/6651

Printed in Germany 1986
Umschlagzeichnung: Ernst Hürlimann, München
Umschlaggestaltung: Atelier Ingrid Schütz, München
Gesamtherstellung: Ebner Ulm

ISBN 3-453-02246-7

Inhalt

Briefe an den Verleger
oder
Überleben mit Ausreden

21. September 1982

Lieber Herr Heyne,

herzlich willkommen in Ihrem Hause. Ich hoffe sehr, daß Ihr Urlaub auf Sylt die für Sie so dringend notwendige Erholung gebracht hat. Und ich wünsche Ihnen von Herzen, daß Sie all den Unannehmlichkeiten, die Autoren einem Verleger zu bieten im Stande sind, heiter und gelassen gegenüberstehen können.
Ich möchte Sie heute mit der Nachricht erfreuen, daß die AUSREDEN von mir fertig geschrieben sind und gerade von meiner Großtante satzgerecht abgetippt werden, und ich hoffe sehr, daß ihre Arbeit durch die vier Enkelkinder, die sie gleichzeitig zu betreuen hat, nicht gestört wird.
Durch den geringfügig überschrittenen Ablieferungstermin kann meine Miete seit fünf Monaten nicht mehr überwiesen werden.
Nun habe ich heute einen eingeschriebenen Brief erhalten, der mich zutiefst bestürzt hat: Der Vermieter will Räumungsklage erheben.
Es wäre schön, wenn Sie meine Arbeit für Ihr Haus weiterhin ermöglichten und mir einen Scheck in Höhe von zehntausend Mark schicken würden.

Mit freundlichen Grüßen Ihre K. A.

5. Januar 1983

Lieber Herr Heyne,

herzlichen Dank für den Scheck und Ihr verlegerisches Verständnis. In die Flut der Weihnachts- und Neujahrsgratulanten wollte ich mich nicht einreihen, so darf ich Ihnen heute das Beste für das neue Jahr wünschen.

Mit Recht fragen Sie nach dem Verbleib des Manuskriptes. Es ist schon bemerkenswert, welche Abenteuer solchen beschrifteten Seiten widerfahren können. Wenn Sie alle Autoren Ihres Hauses bitten würden, ihre persönlichen Abenteuergeschichten rund um die Entstehung ihrer Manuskripte zu schreiben, Sie, sehr geehrter Herr Heyne, hätten Stoff für eine neue Endlos-Reihe.

Hier meine bittere Geschichte in Stichworten: Fein angezogen und glücklich fahre ich mit meinem Kleinmobil in die Stadt. Das Manuskript auf dem Rücksitz. Auf dem Weg zu Benedikt. Benedikt ist ein Freund, der in einer so locker gemanagten Firma arbeitet, daß es dort nicht auffällt, wenn einer mal zweihundert Seiten auf die Schnelle fotokopiert. Also Benedikt macht immer die Kopien meiner Manuskripte, schnell, sauber, kostenlos.

Auf der Schnellstraße durch den Bergwerkswald steht plötzlich Mirabell. Mirabell ist das Pferd meiner Freundin Brigitte. Verkehrschaos. Mirabell scheut. Ihr Stall ist ungefähr drei Kilometer von der Straße entfernt. Ich lasse mein Auto in der Schlange stehen, laufe auf Mirabell zu. Sie kennt mich. Ich kann sie zügeln und beruhigen. Jemand kommt und führt das Pferd weg. Ich zurück zum Auto, das von mehreren Polizisten

umstellt ist. Ein Jahr den TÜV überzogen. Zustand dermaßen schlecht, daß sie über Funk einen Abschleppdienst bestellen.
Um es kurz zu machen: Den Nachmittag habe ich auf der Schrotthalde zugebracht, um mein zerknätschtes Auto mit dem Manuskript zu suchen. Es war und ist verschwunden.
Mein umweltbewußter Sohn hat gestern bei der Altpapiersammlung sämtliches Recherchenmaterial feingebündelt abgeliefert. Die Arbeit von zwei Jahren wird zu Briefpapier recycelt. Es gibt keinen anderen Ausweg, als mit der Arbeit von vorn zu beginnen.
Da ich aber nicht von Nichts leben und gleichzeitig arbeiten kann, muß ich Sie um die nächste Vorschußhälfte für das nächste Buch (vielleicht »Ausreden Band II«?) bitten.

Mit sehr herzlichen Grüßen Ihre treue Autorin K. A.

18. August 1984

Lieber Herr Heyne,

ich danke Ihnen sehr herzlich für den Scheck und Ihr Verständnis. Das Manuskript macht sehr wohl ganz gute Fortschritte, aber der Ablieferungstermin war von uns beiden dennoch zu optimistisch angesetzt. Meine Schwester kam extra in mein Haus, um mir alle häuslichen Ablenkungen abzunehmen, damit ich mich ausschließlich der Arbeit für Ihren Verlag widmen kann. Ihre Kinder sind alle vier in einer psychiatrischen Klinik, so daß sie sich total selbstverwirklichen kann und mir selbstlos anbot, Beistand zu leisten. Ihre hausfraulichen Depressionen haben meine Schwester aber wieder eingeholt, und nun braucht sie meine ganze Kraft; ich kann die arme Seele nicht im Stich lassen. Beide sind wir nun intensiv damit beschäftigt, unsere unverdaute Kindheit wieder hochzuholen. Wie Sie wissen, gehöre ich nicht zu den Autorinnen, die Sie ständig mit ihrem Privatleben behelligen, aber Sie können sich sicher vorstellen, daß ich nunmehr unbedingt in eine Kur fahren muß, damit ich dann mit klarem Kopf die »Ausreden« fertigschreiben kann. Ich danke Ihnen sehr für Ihr Verständnis und bitte Sie nunmehr um die nächste Hälfte für das übernächste Buch, da ich die Kur sonst nicht bezahlen kann.

21. Dezember 1984

Lieber Herr Heyne,

heute ist ein Fest. Ich schicke Ihnen das Manuskript mit getrennter Post, per Einschreiben. (Weil ich abergläubisch bin, habe ich dieses Mal keine Kopie bei Benedikt machen lassen.)

Viele liebe Grüße, immer Ihre K. A.

2. Februar 1985

Lieber Herr Heyne,

der Suchantrag bei der Post ist bisher ohne Ergebnis. Sollte das Manuskript tatsächlich nicht wieder auftau-

chen (von den Qualitäten des Postministers war ich noch nie überzeugt), werde ich schon morgen vorsichtshalber damit beginnen, die AUSREDEN neu zu schreiben.
Ich nehme an, daß Sie damit einverstanden sind. Sie können sich – wie immer – auf mich verlassen. Schließlich habe ich Sie – ohne Grund – noch nie im Stich gelassen.

Ich grüße Sie herzlich Ihre K. A.

Die erste Sünde auf der Erde,
zum Glück beging sie der Teufel
auf dem Erkenntnisbaum,
war eine Lüge.

JEAN PAUL
1807

Über Ausreden

In der Kinderstube bekommen wir unsere Erstausbildung in Sachen Ausrede. Das Schaukelpferd ist kaputt. *Ich war's nicht. Der war's!* Prompt wird der andere bestraft. Toller Erfolg. Hätte der kleine Kerl wahrheitsgemäß gesagt: *Ich war's,* wäre er für das kaputte Schaukelpferd *und* die Unverschämtheit, mit der der Kerl tatsächlich noch die Wahrheit sagt, bestraft worden. Die Schuld auf den anderen zu schieben, wird belohnt; das konditioniert unser Verhalten bis zum letzten Atemzug. Ohne Ausreden können wir nicht leben.

Die zweite Grundvariante der Ausreden ist, die Schuld auf einen besonderen Umstand zu schieben (nicht immer ist eine andere Person greifbar). *Ich kann nichts dafür, das Schaukelpferd ist umgefallen.* Selbst wenn der kleine Mensch mal voller Zorn auf das Schaukelpferd eingedroschen hat, weiß er schon mit drei Jahren, daß es besser ist zu sagen, *Das Schaukelpferd ist umgefallen.*

Die dritte Grundvariante lernen wir in der Schule. Spätestens dann wird uns eingehämmert, daß wir nicht lügen dürfen. Damit wird eine dramatische Konfliktsituation geschaffen: Was belohnt wurde und noch wird, darf eigentlich nicht sein. So entsteht die seelische Purzelbaum-Variante *Ja-Aber: Ja, ich hab' das Schaukelpferd kaputtgemacht, aber ich dachte, es ist nun schon so alt, du kannst es als Feuerholz gebrauchen.*

Diese drei Ausreden-Varianten erfüllen wir mit Leben bis zu unserem Tode. Kein Mensch auf der Welt ist davon ausgenommen.

Und jeden Tag werden unsere lieben Familien, die Kollegen, die Post, die Bahn, das Wetter, die Straßen, der Verkehr, die Maschinen, die Werkzeuge, der Osterhase und der liebe Gott für unsere großen und kleinen Fehler verantwortlich gemacht.
Mit *Der da hat angefangen* prügeln wir uns durch die Kindheit, und genau mit dieser Ausrede hat sich ein Psychopath die Rechtfertigung geholt, den letzten Weltkrieg anzufangen.
Mit der Ausrede *Ich hab's doch nur gut gemeint* reden sich alle heraus, die einsehen müssen, daß sie es schlecht getan haben.
Ich will doch nur dein Bestes treibt kleine Mädchen zu Eislaufprinzessinnen, trimmt mittelmäßig Begabte zu Höchstleistungen und ist die Ausrede, mit der kleine Kinder zu Tode mißhandelt werden.
Und allen Kindern hängt diese Ausrede ihrer Eltern meilenweit zu den Ohren heraus.
Ich liebe dich ist vielleicht die meistmißbrauchte Ausrede unter allen Paaren auf der Welt. Machtgelüste, Sicherheitsbedürfnisse und Bestätigungsansprüche durch den anderen würde so manche Verbindung vielleicht wahrheitsgemäßer beschreiben.
Bei Gericht bekommt man für Ausreden mildernde Umstände. Jedem Angeklagten steht sogar ein staatlich bezahlter Ausredenerfinder zur Seite. *Ich habe es nicht gewollt* geht dann als Reue in das Protokoll und vermindert das Strafmaß. Auch Betrunkene werden für ihre Taten milder bestraft als Nüchterne. Und mein Rechtsempfinden muß schon sehr verkorkst sein, daß ich noch nie verstanden habe, warum ein Vollrausch belohnt wird. Aber hier liegt der Verdacht nahe, daß

diese juristischen Ausreden von Männern für Männer ins Bundesgesetzbuch geschrieben worden sind, denn vollräuschige Damen, die Rentner erschlagen und berauben, sollen sehr selten auftauchen.
Also, früher sind doch Frauen für solche Spitzfindigkeiten als Hexen verbrannt worden, oder nicht?

...ngenen Gewalt...
...urt einen 46 Jahre alten M...

...er 46jährige hatte einen 87 Jahre a... ...en Rentner in dessen Wohnung in Frankfurt-Höchst geschlagen und schwer verletzt. Bei dem Angeklagten war ein Blutalkoholgehalt von 2,7 Promille festgestellt worden. Das Gericht erkannte deshalb auf Vollrausch und ließ die Anklage wegen versuchten Totschlags fallen.
In der Verhandlung hatten der Angeklagte und seine damalige Begleiterin, eine 55 Jahre alte Sozialhilfeempfängerin und Alkoholikerin, dem alten Mann eine Mitschuld an der Gewaltt... ...geschrieben. Angeblich sollte d... ...7jährige die Frau mit seinem ... ...ck angegriffen haben, w... ...elpacker ihm ein... ...t habe.

Nichts gegen Räusche, schließlich habe ich auch nichts gegen die Verrichtung der Notdurft eines jeden Menschen. Aber schon im auslaufenden Mittelalter wurde dieses Geschäftchen auf der Straße nicht mehr erlaubt. Dabei finde ich, daß ein kräftiger Schiß auf die Straße wesentlich ungefährlicher ist als ein Vollrausch im

Auto. Für alles, was wir tun und was wir nicht tun, gibt es Ausreden.
Die erste Ausrede steht in der Bibel: »Und der Herr sprach zu Adam: Hast du nicht gegessen von dem Baum, davon ich dir gebot, du solltest davon nicht essen? Da sprach Adam: Das Weib, das du mir zugesellt hast, gab mir von dem Baum, und ich aß. Da sprach Gott der Herr zum Weibe: Warum hast du das getan? Das Weib sprach: Die Schlange betrog mich also, daß ich aß.«
Gott schuf den Menschen nach seinem Ebenbild. Ich meine, es war umgekehrt. Ausreden helfen, unsere Unvollkommenheit zu ertragen.

Leider muß ich das Manuskript für dieses Büchlein heute, am 4. Advent des Jahres 1985, abliefern; ich hätte sonst noch sehr viel mehr Ausreden für Sie aufschreiben können (siehe auch meine Briefe an den Verleger).

Die Not lehrt Ausreden erfinden! Tragen Sie hier die Ausreden und Entschuldigungen ein, die Ihnen in einer vergleichbaren Situation eingefallen sind.

Der Mensch wandelt immer zwischen Abgründen, ob er will oder nicht, besteht seine ihm eigenste Aufgabe darin, sein Gleichgewicht zu wahren.

José Ortega y Gasset

Ausreden kann man nicht drucken

Als Redakteurin einer längst verblichenen Zeitschrift hatte ich das für alle Redakteure geltende, aber ungeschriebene Gesetz zu respektieren: Entschuldigungen kann man nicht drucken! (Entschuldigung ist die Höflichkeitsform von Ausrede.)
Entschuldigungen kann man nicht drucken; das ist logisch, aber in seiner Konsequenz beinhart. Einen Kollegen, der diesen Satz besonders verinnerlicht hatte, trieb diese Einstellung zum Herzinfarkt. Er wurde für immer arbeitsunfähig. Hubertus hätte sich lieber die Zunge abgebissen, bevor er eine Ausrede – warum er die Story *nicht* im Kasten hat – über die Lippen gebracht hätte. Ich neige nicht zur Selbstverstümmelung, muß aber gestehen, daß für mich damals eine Ausrede auch ein Armutszeugnis bedeutet hätte.
Ein kleines Erlebnis genügte, um meine Einstellung zu überdenken: Ich hatte den Auftrag, eine alte Dame zu interviewen, deren Sohn, Schwiegertochter und Enkel von einem Wahnsinnigen ermordet worden waren. *Bunte-*, *Quick-* und *Stern*-Reporter versuchten vergebens, die alte Dame zu sprechen. Ich hatte Glück, wurde eingelassen und bekam sogar das Familien-Album. Mit einer tollen Story fuhr ich von der österreichischen Grenze nach München. Schneetreiben. Stau. Eisglätte. Unfälle. Bis 22.00 Uhr sollte die Geschichte dem Chefredakteur vorliegen. Um 23.00 Uhr saß ich immer noch eingeklemmt auf der Autobahn. Und vor meinen Augen flimmerten die Rücklichter der Autos in Leuchtschrift: »Entschuldigungen kann man

nicht drucken.« Für die geschriebene Story wurden wir entlöhnt, nicht für Ausreden. Und *alles* andere – außer der geschriebenen Story – wäre eine Ausrede gewesen. Wie gern wäre ich mit meinem Auto über die anderen hinweggeflogen.

Lange nach Mitternacht erreichte ich meinen Schreibtisch. Da lag ein Zettel: »Gleich in der Schlußredaktion abliefern.« Ein lieber Kollege hielt aus, bis morgens um vier, um die Geschichte für den Satz zu bearbeiten.

Ergebnis der Redaktionskonferenz am nächsten Morgen: Eine sechsseitige Anzeige von Neckermanns Bademoden war per Telex eingegangen. Alle aktuellen Seiten flogen raus; meine Story war dabei.

Entschuldigungen kann man nicht drucken.

Ist es nicht eine wunderbare Fügung, daß ich nun ein ganzes Buch mit Ausreden vollschreiben darf?

Doch, doch Ausreden kann frau drucken.

Die wichtigsten Ausreden für wichtige Menschen, die zu spät kommen

Wenn Sie ein Dauer-Zuspätkommer sind und der anständigen Ausrede *Der Verkehr war fürchterlich* (Wann ist der Verkehr nicht fürchterlich?) schon überdrüssig geworden sind, schlage ich Ihnen diese Varianten vor:

- Die haben mich am Bahnhof (oder Flugplatz) für Gilbert Bécaud (Persönlichkeiten frei nach Ihrer Wahl und Ihrem Äußeren entsprechend) gehalten. War das ein Theater. Ich habe sogar Autogramme geben müssen.

Prominente Namen machen sich immer gut. Zuspätkommern wird dann nicht nur verziehen, sie sind dadurch noch interessanter. Prominentenglimmer hebt das Image.

- Stellt euch vor, mein Taxi ist mit dem Taxi von XYZ zusammengestoßen. (Je nach Ihrer Branche und Intelligenzgrad der Wartenden setzen Sie hier Namen Ihrer Wahl ein.)

Das wirtschaftsseriöse Image des Direktors aus der Automobilbranche bekäme durch einen Zusammenstoß mit Falco oder Nena einen poppigen Pfiff.

Eine Modedirektrice, die sich viel zwischen Halbseide bewegen und immer auf die Konkurrenz achten muß,

sollte da ein bißchen höher greifen; ihr ist der Bundeskanzler auf einem seiner eigenmächtigen, volkstümlichen Ausflüge zu empfehlen.
Hausmänner oder Schriftsteller könnten aus ihrer Isolationslethargie durch einen kräftigen Zusammenstoß mit Nasti Kinski oder einem gerade aktuellen Busenwunder gerissen werden.
Einer Lehrerin würde ich als Ausrede die Begegnung mit Willy Brandt wünschen.
In Ausreden kann man sich so manchen Träumen hingeben und sie sogar für einige Minuten zur bestaunten Wirklichkeit werden lassen.
Wenn sich das erste Staunen bei den Wartenden, Konferenzteilnehmern usw. gelegt hat, erzählen Sie ruhig, daß sich die Taxifahrer korrekt und unauffällig untereinander geeinigt und Sie mit XYZ ein freundschaftliches Gespräch geführt haben. Schließlich war nichts Ernstliches passiert.
Ein dramatischer Unfall mit einem Prominenten wäre keine gute Ausrede, da solche Ereignisse Leitartikelstoff für Boulevardblätter sind und Sie schon am nächsten Morgen entlarvt wären.

Die Funkstreife hat mich verfolgt und festgenommen. Ob Sie das nun ganz lässig nebenbei oder atemlos aufgeregt sagen – dieser Satz wirkt immer. Nach diesem Satz schweigen Sie, solange es Ihnen möglich ist, das heißt, bevor es peinlich werden könnte, und genießen die staunende Aufmerksamkeit und die Warums und Wiesos und die vielen Vermutungen der anderen. Locker und knapp lassen Sie dann die harmlose Aufklärung heraus:

- Sie haben im ›Grünen Heinrich‹ zu Mittag gegessen und beim Hinausgehen an der Garderobe Ihren Mantel mit dem eines anderen Gastes verwechselt, der das jedoch ganz cool beobachtet und offensichtlich ZDF-Zimmermann-geschädigt sofort die Funkstreife gerufen hat.

- Sie haben sich endlich, wirklich letztmalig von MM getrennt, und dieses arme Mädchen kommt aus Schmerz auf die verrücktesten Ideen. Sie ruft doch tatsächlich die Polizei an und behauptet, Sie hätten ihren Apricot-Pudel gestohlen und befänden sich mit ihm auf der Flucht. Dabei hat sie nicht einmal einen Hund.

Inhaltlich haben Ausreden für Zuspätkommer eine ungeheuerliche Vielfalt an Gestaltungsmöglichkeiten. Alle Varianten sind aber nicht für alle Adressaten geeignet. So würde die Trennungsaffäre von MM bei dem Installateur, der zu Hause Ihr verstopftes Klo freizumachen sich bereit erklärt hat und pünktlich vor Ihrer verschlossenen Haustür steht, keine Wirkung haben. In einem solchen Fall müssen entweder der Verkehr, die Dauer-Quatschköpfe auf der Konferenz oder aber Ihre Menschlichkeit herhalten. *(Wie furchtbar, hab' ich total verschwitzt, daß Sie heute kommen.)* Intellektuelle, die sich menschlich gebärden, stoßen bei Handwerkern durchaus auf Verständnis. Und mehr wollen Sie doch nicht; er soll ja nur wiederkommen.
Wenn Sie zum Nachmittagstee bei Verwandten zu spät kommen, werden vielleicht schon viele Varianten Ihrer

Ausreden keine Wirkung mehr haben. Bei derartigen Abnutzungserscheinungen sollten Sie sich mit aller Verve auf Ihre Körpersprache konzentrieren: Sie sagen einfach nichts – mit überschäumender Liebenswürdigkeit säuseln Sie schlicht den Namen der/des Besuchten. Auch wenn es für Sie ungewöhnlich ist, gehen Sie auf Körpertouch, küssen Sie, was zu küssen ist, und strahlen Sie über ihr ungebändigtes Glück, endlich, nun endlich bei ... zu sein. Sollte der/die Verwandte/Bekannte so penetrant sein und noch in Ihrer Umarmung fragen »Aber warum kommst du denn jetzt erst?«, wenden Sie sich abrupt ab, schreiten zum Fenster und sagen langsam und mit leicht gebrochenem Ton in der Stimme (Blick schräg nach oben):

○ Weißt du, auf dem Weg hierher ist mir bewußt geworden, wie viele Male ich diesen Weg zu Dir nun schon gefahren bin, so selbstverständlich, als ob es immer so bliebe! Heute, weißt du, habe ich einmal jeden Zentimeter bewußt erlebt ... vielleicht gibt es unsere Welt schon morgen nicht mehr, wer weiß ...

Selbst wenn Tante Frieda dann schon im Badezimmer verschwunden ist, um das Fieberthermometer zu holen, haben Sie Ihr Ziel erreicht, der Groll über Ihr Zuspätkommen ist verflogen.

Die Not lehrt Ausreden erfinden! Tragen Sie hier die Ausreden und Entschuldigungen ein, die Ihnen in einer vergleichbaren Situation eingefallen sind.

Ausreden von, für und gegen Verwandte

Am Telefon:

○ Ja, ja, Vater. Ich würde dir ja wirklich gern aushelfen, daß du da wenigstens aus diesem komischen Stadthotel rauskommst. W... waaas... sagst du da? Obdachlosenasyl...? Na, das ist ja nur vorübergehend. Und da bist du auch gleich in Gesellschaft, weißt du, man muß das immer positiv sehen. Uns geht's gut. Unser Sohn hat jetzt seinen Studienplatz bekommen. Da hab' ich ihm das versprochene Auto geschenkt. Der sucht jetzt immer einen Grund, daß er irgendwohin fahren kann. Du, hör mal, der kann dich doch mal besuchen. Da bringt er dir auch gleich eine schöne Flasche Schnaps mit, von mir aus dem Büro, hab' ich da noch stehen, du weißt schon, so ein Kundengeschenk. Also fein, Vater, wenn es dir wieder besser geht, kommst du uns besuchen. Du weißt doch, du bist jederzeit bei uns herzlich willkommen.

Für unsere Mutter suchen wir eine ruhige, sonnige Wohnung in der Wüste. ✉ IV A 30814

○ Nein, Baldwin, wo wir jetzt den teuren Teppichboden haben, können wir deinen Vater nicht zu uns nehmen. Du weißt doch, daß er sabbert.

○ Ist es nicht schön, Muttilein, so ein besinnliches Weihnachtsfest, endlich mal ganz für dich allein. Dein erstes, seit Opi tot ist, nicht? Der Trubel hier bei uns wäre für dich unerträglich. Ehrlich, Muttilein, ich beneide dich.

Meine Ausreden

Ich habe Angst vorm Fliegen.
Das stimmt nicht.
Ich habe nur Angst vorm Runterfallen.

Ich glaube an den lieben Gott.
Das stimmt nicht.
Für meine Schwachheit will ich keine Verantwortung tragen.

Ich habe immer nur Gutes getan.
Das stimmt nicht.
Ich habe nur den anderen gezeigt, was ich von ihnen erwarte.

Ich will mich wegen der Kinder nicht scheiden lassen.
Das stimmt nicht.
Ich will mehr Geld.

Ich habe so viel mit Putzen, Waschen, Schrubben zu tun.
Das stimmt nicht.
Ich will nichts anderes tun.

Ich habe keine Zeit, ein Buch zu lesen.
Das stimmt nicht.
Bei den Einschaltquoten der Schwarzwaldklinik bin ich dabei.

Ich schlage mein Kind, damit es ein ordentlicher Mensch wird.

Das stimmt nicht.
Ich schlage mein Kind, weil ich kein ordentlicher Mensch bin.

Ich bin einsam.
Das stimmt nicht.
Ich kann es nur mit mir nicht aushalten.

Ich bereue jeden Streit mit meinem Mann, jetzt, wo er tot ist.
Das stimmt.

Kein Mensch kann etwas anderes
bieten als sein eigenes Programm,
aber er soll es wenigstens
so taktvoll wie möglich
vorbringen, nicht wie ein Plebejer,
der sich erst zufrieden gibt,
wenn er ein paar andre
niedergebrüllt hat.

Christian Morgenstern

Die SOHIA-Methode*

Falls Sie in die Notsituation geraten sollten, ohne Ihr Exemplar PARDON auskommen zu müssen, weil es vielleicht verlorengegangen ist oder gestohlen wurde, läßt Sie der Verlag nicht im Stich: Jederzeit können Sie sich in jeder Buchhandlung ein neues Exemplar holen. Sollten Sie aber dazu nicht in der Lage sein, jedoch dringend eine Ausrede benötigen, habe ich zusammen mit meinem wissenschaftlichen Beraterteam die SOHIA-Methode entwickelt:
Das sind die wichtigsten Punkte:

1. Dem Ausredensucher wird dringend abgeraten, sich eine Ersatz-Ausrede einfallen zu lassen. Stotteranfälle, Schweißperlen an den Schläfen und flatternde Finger wären die sichtbaren Zeichen seiner Unsicherheit, was wiederum die Rechtmäßigkeit des Ausredenverlangens seines Gegenübers oder Vorgesetzten bestätigen und dessen Selbstbewußtsein bis zum Hemden- oder auch Blusenknopfsprung aufblähen würde.
2. Um dem Ankläger oder Vorgesetzten diesen Genuß von vornherein zu vermiesen, sollte der Ausredensucher eine absolut entspannte Haltung einnehmen und *schweigen!* Dabei ist jedoch unbedingt zu beachten, daß sein Mund *geschlossen* bleibt, d. h. die Lippen parallel, ohne Luftspalt dazwischen, aufeinanderliegen. (Ein offener Mund in dieser Situation

* SOfort-HIlfe-Aktions-Methode

hat bei allen unseren Untersuchungen gezeigt, daß der Ankläger oder der Vorgesetzte vermehrt zu Tobsuchtsanfällen neigt.)

3. Es ist absolut notwendig, mit dem Tobenden in intensiven Blickkontakt zu treten. Schweigend, aber offen, betont fragend, also unschuldig erscheinend, schaut der Mensch ohne Ausrede den Tobenden an. Diese mimische Leistung kann von den meisten Menschen durch ein gewisses Naturtalent erbracht werden (im Volksmund Dummstellen genannt). Auch Minderbegabte haben eine Chance, diese verblüffend erfolgreiche Methode zu praktizieren: Präventive Übungen zu Hause vor dem Spiegel – täglich mindestens einmal – haben schon bluträuschige oder auch veitstanzende Konzernherren, Programmdirektoren aus Mainz und auch schon einmal einen hohen Funktionär der KPdSU zu weinenden Bubis schmelzen lassen.
4. In dem Moment, wo der allmählich ruhiger werdende Tobsüchtige sein Gegenüber anschreit »Na! Nun sagen sie schon was, verdammt noch mal!«, in diesem Moment beginnt sich das Blatt zu wenden. Nach wie vor aber muß der Ausredensucher konstant schweigen, nach wie vor den ruhiger werdenden Vorgesetzten – oder wer immer der Rechthaber ist – voll und fragend anschauen. In dem Raum wird es verstärkt nach Achselschweiß des Tobenden riechen, der Mensch ohne Ausrede muß nach wie vor schweigend die Lippen geschlossen halten, auch wenn ihm nach Luftschnappen zumute ist. Er wird es aushalten können; es steht ihm ein großer Abgang bevor: Die heiße Luft des Tobenden ist drau-

ßen, schwach wird dieser die Hände heben, müde lächelnd sagen: »Ich hab's doch letztlich immer gewußt, daß Sie ein zuverlässiger Mitarbeiter sind. Irgendwie werden wir die Sache schon regeln. Ich bin zu sehr im Streß. Mir sind die Nerven durchgegangen.«
Der Mensch, der anfangs verzweifelt sein PARDON vermißte, geht mit einem freundlichen, verständnisvollen Lächeln ab.

Soweit die Sohia-Methode. Meine persönliche Bitte: Gehen Sie ab – aber ohne Triumph. Wir wollen menschenfreundlich sein zu den Fehlbaren, erst recht zu den Unfehlbaren. Sie verdienen unser Mitgefühl.

Viele Menschen sind durchaus fähig und gewillt, der Wahrheit zu folgen, aber sie darf ihnen nicht geradezu gesagt, vor Augen gerückt werden. Sie verlieren in diesem Fall jede Freude an der Wahrheit; denn ihre Eigenliebe ist noch stärker als ihre Liebe zum Geiste, als ihr Geist, und so gefällt ihnen nur, wer und was sie – schont.

CHRISTIAN MORGENSTERN

Ausreden für Fleißige

In England hat einmal ein zwölfjähriges Mädchen zu mir gesagt: »Die Deutschen sind sehr nett, aber auch sehr fleißig!« Grundsätzlich sträubte sie sich aber nicht gegen diese abschreckende Eigenschaft. Für ihren weiteren Lebensweg hatte sie Fleiß und Faulheit wie Regen und Sonnenschein kalkuliert. »Wenn ich fleißig bin, werde ich Tierärztin, wenn ich faul bin, werde ich Schauspielerin.«

In zeitraubenden Studien habe ich herausgefunden, daß Fleißige in drei Grundtypen eingeteilt werden müssen:

I – Der Ich-kann-nicht-still-sitzen-Typ

»Ich kann nicht still sitzen«, sagt der Unruhige zur Begründung seines Fleißes. Und damit auch gleich die Selbstwertschätzung nicht geheim bleibt, ergänzt er gleich: »Ich kann meine Hände nicht in den Schoß legen.« (Das geht selten ohne einen verächtlichen Blick auf den Gesprächspartner, in dem diese teuflische Eigenschaft vermutet wird.) Mißachtung den Müßiggängern! Er empfände Schmach, müßte er zu ihnen gehören.
Diese Fleißigen, die aus sich heraus fleißig sein *müssen*, empfinden ihren Fleiß als eine positive Eigenschaft, nicht etwa als zwanghaften Umtrieb. In dieser Kategorie sind putzsüchtige Hausfrauen, Steuerfahnder und Oberschwestern gefunden worden.

II – Ich-habe-den-Traumberuf-gefunden-Typ

Typ II ist der Selbstdarsteller. Er ist fleißig, weil er sich selbst darstellen muß. Die notorische Sucht, Beifall, positive Resonanz oder Tantiemen bekommen zu müssen, läßt ihn täglich produktiv sein. Er behauptet sogar, daß ihm die Arbeit ungeheuren Spaß mache, daß er seinen Traumberuf gefunden habe und daß er ohne Arbeit nicht leben könne.
Zu diesem Typ gehören der Leiter der Fischer-Chöre (den Namen habe ich im Moment vergessen), Professor Grzimek, Alfred Biolek, der Papst, Helga Feddersen, Fernsehmoderatoren, Marktfrauen und ich.

III – Ohne-Fleiß-kein-Preis-Typ

Dieser Fleißtyp ist der sogenannte dynamische Karrieremann, der auch in der Form des weiblichen Geschlechts vorkommen kann. Diese Fleißigen haben für sich den Klotz der Weisheit gefunden. Sie entscheiden nach zwei Kriterien, ihr Leben lang: *Das bringt nichts* oder *Das bringt was.* Zielstrebig wird auf ein Ziel hingefleißt, das hinter rosa Schleiern hängt, und so wird es auch formuliert: *Wir wollen es mal schöner haben.* Oder: *Unsere Kinder sollen es mal schöner haben.* Wobei nur sie allein wissen, was sie unter ›schöner‹ verstehen. Dieser Typ ist übrigens nach dem Krieg stark in Mode gekommen. Viele Menschen, die die Bundesrepublik bevölkern, sollen dieses Ziel mittlerweile auch erreicht haben. Sie können sich *Dallas* und die *Schwarzwaldklinik* so oft anschauen, wie sie wollen. Es sind die Videobesitzer.

Außer diesen drei Gruppen gibt es noch die Fleiß-Ausrede-Misch-Typen. Das sind die Intelligentesten. Sie haben erkannt, daß Fleiß dem Denken abträglich ist.
Diese Fleiß-Ausrede-Mischtypen gehören ihrem Ursprung nach eindeutig zu einer der drei Gruppen, bedienen sich aber aus geistig-modischen Gründen der Ausreden einer der zwei anderen Gruppen.

Nach dieser erschöpfenden Typisierung sind Sie sicher in der Lage, die nachfolgenden Ausreden den genannten Gruppen zuzuordnen. Und nicht nur das: Als routinierter Zeitschriftenleser wird sie der kleine Test faszinieren: Lesen Sie die Ausrede-Aussagen laut, und schließen Sie danach wenigstens eine Minute lang fest die Augen. Welche Worte könnten Sie gesagt haben?
Bei der Ausrede, die Ihnen am sympathischsten ist, tragen Sie drei rote Herzchen ein. Damit haben Sie den psychologischen Test erfolgreich durchgeführt und wissen nunmehr, zu welchem Fleiß-Typ Sie gehören. (Sie können diesen Test auch mit Ihrem Verlobten machen.)

Marianne M. Pressesprecherin eines großen Verlages:
○ Ich brauche Turbulenzen. Bei mir muß was gehen! Ich bin fleißig und säge am Stuhl meines Chefs.

Heinrich F., Metzger:
○ Mein Sohn und ich, wir schaffen wie die Blöden, damit wir eines Tages mal faul sein können. Aber dann können wir das vielleicht nicht mehr ...

Sabine R., Reiseleiterin:

- Ich will mal die Erschte sein, ganz obe nuff. Meine Garderobe koscht ein Vermöge. Da muscht schaffe.

Adam N., Transvestitenshowdarsteller:

- Ich kann nicht aufhören. Jedesmal, wenn ich ein Engagement bekomme, prickelt's in mir rauf und runter.

Helmut Z., Generalvertreter:

- Ich habe den höchsten Umsatz in unserer Gesellschaft. Fleiß ist bei mir eine Riesenhetz'. Ich kontrolliere pausenlos meine Mitarbeiter. Mit dem Auf-die-Finger-Gucken bin ich den ganzen Tag beschäftigt. Da fühl' ich mich wie ein König.

Ausreden für (angeblich) Faule

Nur Dumme sind fleißig. Diese Ausrede geben nach wie vor ein paar Beneidenswerte von sich. Ich kann mir diesen Spruch nicht leisten. Das Leben ist mühsam, und gelegentlich hänge ich traumverloren der Version nach, die einmal der Anwalt eines Verlages zu mir sagte: »Intelligente sollen nicht arbeiten!« Ob er damit nun eine gefällige Selbstdarstellung abgeben oder mir ein Kompliment machen wollte, ist egal. Ich staune, wie exklusiv der Volksmund manchmal spricht. Wer füllt die Mülltonne, schält die Kartoffeln, putzt die Babypopos und stellt die relevante Bezugsperson für Familienseelen dar?
Wer keine Arbeit kennt und sich nicht drückt, der ist verrückt. Das sagt auch der Volksmund. Vielleicht ist der Drückeberger auch nur ein beschaulicher Typ, beseelt von heiterer Gelassenheit? Sicher, Denken ist wichtiger, als das letzte Herbstblatt von dem Asphalt zu kratzen oder eine Atombombe zu bauen. Wer aber kann sich diesen Traum schon leisten? Das wäre aber ein sehr erstrebenswertes Ziel, zum Beispiel einen Denk-Tag pro Woche einzurichten.

Zwei Beispiele sollen Ihre Vorbilder sein: Marcel Proust. Viele Jahre war er faul, bis er – wie ein Besessener – *Auf der Suche nach der verlorenen Zeit* schrieb. Ein paar Jahrzehnte faulenzte auch Jean de Lafontaine. Seine märchenhaften philosophischen Fabeln haben noch heute Gültigkeit, nach 300 Jahren, und vielleicht vergehen noch einmal 300 Jahre, und die

Dummheit kämpft noch immer gegen die Vernunft; vielleicht noch erfolgreicher als heute.
Und auch dann werden die Menschen auf ihr hauptsächliches Alibi für alles, was sie nicht tun hätten müssen, können, sollen, dürfen nicht verzichten: auf die Ausrede.

Bleiben wir im Hier und Jetzt und auf dem Teppich zu Hause:
Ein paar Ausreden für einen verbummelten und kinderlosen Tag im Hause:

- Ich habe den ganzen Tag an dich gedacht und mir vorgestellt, was ich wohl sagen würde, wenn du deine Abendfrage stellst. Und so habe ich heute keine Antwort, mein Schatz.
- Das machen andere Hausmänner auch nicht.
- Nichtstun ist angenehm, hat Cicero gesagt.
- Ich habe heute in der Bibel gelesen.
- Ich hatte heute eine telefonische Schaltkonferenz mit deiner Mutter.
- Ich habe mich heute entschlossen, eine wirklich gemeinnützige Beschäftigung aufzunehmen. Da bekomme ich Anerkennung, und manchmal komme ich sogar in die Lokalzeitung.
- Ich habe heute den ganzen Tag in deiner Nachtlektüre gelesen: Die Kunst, ein Egoist zu bleiben.
- Ich wollte dir nun einmal das unumschränkte Gefühl verleihen, daß *du* von uns der Fleißige bist.
- Ich habe mir heute einen Tag geschenkt.

Ich arbeite schnell, damit ich Zeit zum Faulenzen und zum Lesen schöner Gedanken habe:

> Liebe Sonne,
> meinst du nicht auch
> man sollte sich verdammt bedenken
> einen solchen Tag
> dem Chef zu schenken?
>
> Jacques Prévert

Juan Ramon Jiménez hat in seiner Andalusischen Elegie *Platero und ich* den Mittagsschlaf beschrieben. (Platero ist sein Esel.)
»Wie traurig, gelb und farblos ist die Schönheit der Nachmittagssonne, wenn ich unter dem Feigenbaum aufwache!
Eine trockene Brise, die nach geschmolzenem Rosmarin duftet, streichelt mein schweißgebadetes Erwachen. Die großen Blätter des zärtlichen alten Baumes bewegen sich leicht und blenden mich oder verdunkeln mir den Blick. Als würde ich sanft in einer Wiege gewiegt, die von der Sonne in den Schatten und vom Schatten in die Sonne schwingt.
In der Ferne, im verlassenen Dorf, läuten die Dreiuhr-Glocken in den Kristallwellen der Luft zum Nachmittagsdienst. Bei ihrem Klang sieht mich Platero, der mir eine große rote süßbereifte Wassermelone gestohlen hat, mit seinen riesenhaften flackernden Augen an, in denen sich eine klebrige grüne Fliege bewegt.
Vor seinen ermüdeten Augen ermüden auch die mei-

nen wieder. Die Brise kehrt zurück, wie ein Schmetterling, der fliegen möchte und dessen Flügel sich unerwartet falten; die Flügel … meine schwachen Lider, die gleich, gleich sich von neuem schließen werden.«

Gute Nacht und schöne Träume!

Der Wochenplan für Müßiggänger

(Gültig für die gesamte Bundesrepublik, die DDR, Schweiz und Österreich. Da keine besonderen Wetterzonen, wie zum Beispiel Föhn- oder Feuchtgebiete berücksichtigt sind, bieten sich hier noch zusätzliche Möglichkeiten, s. a. Wetterkarte.)

Die Ausrede für jeden Tag

○ Montag:	Ich suche mein Zentrum. Ich muß mich sammeln für die Woche.
○ Dienstag:	Ich komme in die kreative Phase. Bitte zerstöre das nicht durch Alltagskram.
○ Mittwoch:	Warum ist die Menschheit nur darauf verfallen, die Arbeit zum Götzen zu erheben? Es wird Zeit, daß einer mal anfängt umzudenken.
○ Donnerstag:	Ich spüre einen starken schöpferischen Schub. Da ist etwas, das muß raus. Mir fehlt noch die Initialzündung durch Inspiration.
○ Freitag:	Ich geh' mal in die Kneipe.
○ Samstag:	Ich muß mal richtig ausschlafen. Wenigstens heute könntest du mich in Ruhe lassen.
○ Sonntag:	Mir graut schon vor morgen.

Wenn man liquidieren muß
und die Schlußbilanz beachtet
wird ein Minus oft zum Plus
je nachdem man es betrachtet.

Fred Endrikat

Ausreden für Langschläfer, Jogger und Hypochonder

Die vornehmste Form der Ausrede ist die wissenschaftliche Begründung. Nun ist es zwar als sehr löblich anzusehen, eine gescheite Begründung selbst auszudenken, es ist aber keineswegs zeitgemäß.

Um den geistig-moralischen Anforderungen von heute gerecht zu werden, bedienen Sie sich entweder der Methoden von morgen oder der Weisheiten von gestern. Das bedeutet, Sie schließen Ihren Fernseher an das BTX-Ausrede-Komplex-Computer-Programm an (aber das kann ja jeder) oder Sie wählen die nostalgische Möglichkeit und suchen unter dem Gesagten von gestern. Der routinierte Frauenzeitschriften-Leser erwartet jetzt Zitate aus der *Gartenlaube*, aber ich meine, irgendwann wird ihm das ewige Aufkochen seichten Blümchentees auch einmal auf den Keks gehen. Wenn schon nostalgisch, dann richtig. Und Philosophen sind immer in. Wie wär's mit Kant, mit dem Immanuel aus Königsberg, 1724 geboren? Als Greis (und damals war ein Greis noch ein Greis), also mit 74 Jahren, hat er sich konkret und für jedermann verständlich Gedanken über das Schlankbleiben, über Erkältungskrankheiten, über Jogger, Faulenzer, Nachteulen und Singles gemacht.

Ausrede für Nachteulen

Nachteulen sind nicht immer so selbstbewußt, wie ihnen das nachgesagt wird; das bedeutet, auch sie kommen ohne Ausrede nicht aus.
Ich meine hier auch nicht die part-time-Nachteulen, die in Massenschwärmen in Bars oder anderen nächtens geöffneten Etablissements vorkommen, sondern die echten, die sich nachts vorwiegend zu Hause aufhalten und die tagsüber wochenends heftig von den Nachtschläfern angegriffen werden. Gegen die vielfältigen Beschimpfungen haben sie ein dickes Fell entwickelt, was sie obendrein noch stumpfsinnig erscheinen läßt. »Total bemackt, jetzt raschelt der mit seiner Briefmarkensammlung schon morgens um vier durch die Wohnung.« Menschen, die nicht viel schlafen können oder wollen, müssen sich auch wehren, wenn sie kreativ ausscheren und statt das Abendprogramm schlafend zu konsumieren mit der Eisenbahn im Hobbykeller spielen.
Wenn Sie zu diesen Geplagten gehören, lesen Sie doch Ihren Mitmenschen einmal vor, was Immanuel Kant über das lange Schlafen sagt:

Lange oder (wiederholt, durch Mittagsruhe) *viel schlafen* ist freilich ebensoviel Ersparnis am Ungemache, was überhaupt das Leben im Wachen unvermeidlich bei sich führt; und es ist wunderlich genug, sich ein langes Leben zu wünschen, um es größtenteils zu verschlafen. Aber das, worauf es hier eigentlich ankommt, dieses vermeinte Mittel des langen Lebens, die Gemächlichkeit, widerspricht sich in seiner Absicht

selbst. Dann das wechselnde Erwachen und Wiedereinschlummern in langen Winternächten ist für das ganze Nervensystem lähmend, zermalmend und in täuschender Ruhe krafterschöpfend; mithin die Gemächlichkeit hier eine Ursache der Verkürzung des Lebens.
Das Bett ist das Nest einer Menge von Krankheiten!«

Na bitte!

Ausreden für Jogger und andere Nichtdenker

und ebenso zum Gebrauch für Frauen und Männer geeignet, die bisher vergebens versuchten, ihren Tischgenossen das Zeitunglesen während der Mahlzeiten abzugewöhnen:

»Einem Gelehrten ist das Denken ein Nahrungsmittel, ohne welches, wenn er wach und allein ist, er nicht leben kann, jenes mag nun im Lernen (Bücherlesen) oder im Ausdenken (Nachsinnen und Erfinden) bestehen. Aber beim Essen oder Gehen sich zugleich angestrengt mit einem bestimmten Gedanken beschäftigen, Kopf und Magen oder Kopf und Füße mit zwei Arbeiten zugleich zu belästigen, davon bringt das eine Hypochondrie, das andere Schwindel hervor. Um also dieses krankhaften Zustandes durch Diätetik Meister zu sein, wird nichts weiter erfordert, als die mechanische Beschäftigung des Magens oder der Füße mit der geistigen des Denkens wechseln zu lassen, und während dieser (der Restauration gewidmeten) Zeit das absichtliche Denken zu hemmen und dem (dem me-

chanischen ähnlichen) freien Spiele der Einbildungskraft den Lauf zu lassen; wozu aber bei einem Studierenden ein allgemein gefaßter und fester Vorsatz der Diät im Denken erfordert wird.
Es finden sich krankhafte Gefühle ein, wenn man bei einer Mahlzeit ohne Gesellschaft, sich zugleich mit Bücherlesen oder Nachdenken beschäftigt, weil die Lebenskraft durch Kopfarbeit von dem Magen, den man belästigt, abgeleitet wird. Ebenso wenn dieses Nachdenken mit der krafterschöpfenden Arbeit der Füße (im Promenieren) verbunden wird. Man kann das Lukubrieren (nächtliche wissenschaftliche Forscherarbeit; Anm. d. A.) noch hinzufügen, wenn es ungewöhnlich ist. Studierende können es schwerlich unterlassen, auf einsamen Spaziergängen sich mit Nachdenken selbst und allein zu unterhalten. Ich habe es aber an mir gefunden, und auch von anderen, die ich darum befragte, gehört, daß das angestrengte Denken im Gehen geschwind matt macht; dagegen, wenn man sich dem freien Spiel der Einbildungskraft überläßt, die Motion restaurierend ist.«

Bewegung macht fit. Was Kant da vor zweihundert Jahren gesagt hat, kann jeder Jogger nachempfinden. Bei Begegnungen mit naserümpfenden (und sicherlich fetten) Zeitgenossen empfiehlt es sich, den großen Philosophen zu zitieren, denn wie gesagt, die wissenschaftliche Begründung ist die vornehmste Form der Ausrede.

Ihr Leben ist die Ausrede

Es gibt eine Gruppe unter uns Menschen, die ihr Selbstverständnis ausschließlich aus der Wirkung der Ausrede bezieht. Diese Menschen sind sich selbst nicht bewußt, daß ihre Ausreden Ausreden sind, und so kann ich hier – ohne Angst, verletzbare Seelen zu treffen – ungeniert über sie sprechen: über die Hypochonder. Es besteht auch nicht die Gefahr, daß Hypochonder sich anhand dieser Zeilen selbst diagnostizieren – dann wären sie nämlich keine.
Es ist mir natürlich nicht möglich, für die existenziell von Ausreden Abhängigen noch weitere Ausreden hinzuzuerfinden. Außerdem ist ein Hypochonder niemals in der Situation, nach Ausreden suchen zu müssen. Was immer er auch fehlleistet, seine präventiven Pauschalentschuldigungen verhindern jegliche Beschuldigungsgefahren von vornherein. Hypochonder stürmen mit ihren eingebildeten Grillen ausredemäßig nach vorn und herausreden sich auf diese Weise Vorteile und Bequemlichkeiten.
Hypochonder sind äußerlich am Köfferchen zu erkennen, das im Laufe der Jahre an Größe zunimmt. In diesem Köfferchen gibt es Pillen, Tropfen, Salben und Zäpfchen gegen Magengeschwüre, diverse Krebsarten, Lungenemphyseme (es wird aber schmachtend geraucht!), Herzrhythmusstörungen, Migräne, Bandscheiben- und Hüftleiden. Hypochonder dürfen nicht gehetzt werden, dürfen nicht tragen, und sie ertragen – wenn sie nicht eh schon freiberuflich sind – höchstens die 20-Stunden-Woche. Im übrigen speisen sie aus diätetischen Gründen nur das

Feinste, das sie mit nörglerischer Sorgfalt zubereiten lassen.
Ohne ihre Köfferchen sind sie an den hängenden Augenlidern zu erkennen, der sich (bei zu befürchtenden Verpflichtungen oder irgendwelchen Aufgaben) zum todesfürchtigen Ausdruck, in dem dann alles Elend dieser Welt liegt, steigern kann. Sie vermuten ganz recht: Ich habe schon einige Hypochonder kennengelernt. Sie waren übrigens alle männlich, biologisch gesehen.

Es ist Dezember, und im Verlag bereiten sie die alljährliche Nikolausparty vor (die fünfzig Bücher pro Monat werden inzwischen durch den Computer geschusselt). Weil also alle Mitarbeiter voll beschäftigt sind, trau' ich mich nicht, dort anzurufen. Das bedeutet, ich weiß immer noch nicht, ob dieses Buch (es ist eine Auftragsarbeit), nun ein psychologischer Ratgeber, ein Sachbuch oder ein Witzbuch werden soll. Das hat ja unsereiner nicht zu entscheiden. Nun habe ich heute ganztägig mit mir gerungen, (statt zu schreiben! Ausrede der Autorin. Anmerkung des Verlags.) ob ich Ihnen die philosophischen Weisheiten von Kant über die Hypochonder, der er selber war, nun vorenthalten soll oder nicht. Ich tu's nicht. Seine Zeilen haben nicht nur einen wissenschaftlichen, sondern auch noch einen dokumentarischen Wert.

> **Von der Hypochondrie**
> Die Schwäche, sich seinen krankhaften Gefühlen überhaupt, ohne ein bestimmtes Objekt, mutlos zu überlassen – mithin ohne den Versuch zu

machen, über sie durch die Vernunft Meister zu werden – die *Grillenkrankheit* (hypochondria vaga, zum Unterschiede von der tropischen hypochondria intestinalis), welche gar keinen bestimmten Sitz im Körper hat, ein Geschöpf der Einbildungskraft ist, und daher auch die *dichtende* heißen könnte – wo der Patient alle Krankheiten, von denen er in Büchern liest, an sich zu bemerken glaubt – ist das gerade Widerspiel jenes Vermögens des Gemüts, über seine krankhaften Gefühle Meister zu sein, nämlich Verzagtheit, über Übel, welche Menschen zustoßen *könnten*, zu brüten, ohne *wenn* sie kämen, ihnen widerstehen zu können; eine Art von Wahnsinn, welchem freilich wohl irgendein Krankheitsstoff (Blähung oder Verstopfung) zum Grunde liegen mag, der aber nicht unmittelbar, wie er den Sinn affiziert, gefühlt, sondern als bevorstehendes Übel von der dichtenden Einbildungskraft vorgespiegelt wird; wo dann der Selbstquäler (Heautontimorumenos), statt sich selbst zu ermannen, vergeblich die Hilfe des Arztes anruft; von dem, der mit dieser Krankheit behaftet, und so lange er es ist, kann man nicht verlangen, er solle seiner krankhaften Gefühle durch den bloßen Vorsatz Meister werden. Denn, wenn er dieses könnte, so wäre er nicht hypochondrisch.
Ich habe wegen meiner flachen und engen Brust, die für die Bewegung des Herzens und der Lunge wenig Spielraum läßt, eine natürliche Anlage zur Hypochondrie, welche in früheren Jahren bis an den Überdruß des Lebens grenzte.

Aber die Überlegung, daß die Ursache dieser Herzbeklemmung vielleicht bloß mechanisch und nicht zu heben sei, brachte es bald dahin, daß ich mich an sie gar nicht kehrte, und während ich mich in der Brust beklommen fühlte, im Kopf doch Ruhe und Heiterkeit herrschte. Die Beklemmung ist mir geblieben; denn ihre Ursache liegt in meinem körperlichen Bau. Aber über ihren Einfluß auf meine Gedanken und Handlungen bin ich Meister geworden, durch Abwendung der Aufmerksamkeit von diesem Gefühle, als ob es mich gar nicht anginge.

Was lehrt uns der Meister des Geistes?
Das Gefühl der Krankheit ist meist schlimmer als die Krankheit selber.
Das ist keine Ausrede, sondern eine wunderbare Medizin. Schenken Sie den Hypochondern in Ihrem Freundeskreis dieses Büchlein; vielleicht hilft es *Ihnen*.

Über die gesundheitsfördernde Wirkung von Ausreden

Eine Klage von Justus Baldwin, Abteilungsleiter einer Keksfabrik.

Seit wir die gleitende Arbeitszeit haben, fehlt mir was. Lange habe ich gebraucht, um dahinterzukommen, was es war. Jeden Morgen saß ich trübe rum und stierte auf meinen Schreibtisch. Manchmal schaute ich sogar aus dem Fenster.

Nach einiger Zeit der Beobachtung hat mich meine Sekretärin aufgeklärt. Frau Dr. Skribba ist arbeitslose Diplom-Psychologin und promovierte Soziologin und hat bei uns eine hübsche Anstellung, als meine Sekretärin wie gesagt, ein Jahr auf Probe, ABM-finanziert. Also, eines Morgens kam sie ins Zimmer, knickste wie gewöhnlich und stellte mir die frischen Blumen auf den Schreibtisch: »Wenn ich mir die Bemerkung erlauben darf, Ihnen fehlt der Ärger. Sie haben sich immer so schön über die Ausreden der Mitarbeiter, die morgens zu spät gekommen sind, aufgeregt. Seit der gleitenden Arbeitszeit fehlt Ihnen das morgendliche Donnerwetter, mit dem Sie Ihren Blutdruck in Schwung gebracht haben.«

Sie wäre nicht meine tüchtige Sekretärin, wenn sie nicht gleich konstruktiven Rat gewußt hätte: Sie schenkte mir das Ratgeberchen *Wie schnauze ich meinen Gummibaum an?*

In Spanien gründeten sie einmal
einen Tierschutzverein,
der brauchte nötig Geld.
Da veranstaltete er für seine
Kassen einen großen Stierkampf.

KURT TUCHOLSKY
1932

Ausreden von Tierschützern

Ich bin im Tierschutzverein,

- na, weil ich gerade einem Heiratsschwindler aufgesessen bin. Ich bin zu gut für die Menschen.

- na, weil ich gegen Tierversuche bin. Ist doch egal, wie viele Omas und Opas Rheuma haben. Hauptsache, die süßen Ratten müssen nicht humpeln.

- Tja, eigentlich wollte ich ja bei den Grauen Panthern mitmachen. Aber mehr als Kaffee und Kuchen, Groschen zählen und Sternchen zu Weihnachten basteln is da nich. Hier bin ich aktiv. Da is was los bei den armen Tierchen. Kann man doch nich mit ansehen, was? Als guter Mensch und so. Manche von hier laufen ja auch bei die Pershing-Demos mit, aber da macht mein Knie nicht mit...

- Ich gehöre zur Bewegung ›Rettet die Ratten‹. Den unmenschlichen Versuchen der Pharma-Industrie muß Einhalt geboten werden. Wir kämpfen für das Tier, das am meisten mißbraucht wird. Wir sammeln Unterschriften von allen Bürgern, die sich freiwillig zu medizinischen Versuchen und operativen Übungszwecken für Medizinstudenten zur Verfügung ... legen! REETTTET DIE RATTEN... Machen Sie mit!

So ist das Leben

Ein Karren steckt im Straßendreck
und rührt und regt sich nicht vom Fleck.
Das Pferdchen zieht mit Allgewalt,
der Fuhrknecht mit der Peitsche knallt.
Die Achse kracht, die Deichsel bricht,
der Wagen rührt und regt sich nicht.
Zwei Männer stehn voll Seelenruh'
am Straßenrand und schauen zu.
Greif jemand in die Speichen ein?
Ach, keine Spur. I wo. O nein.
Der Fuhrmann kommt darob in Wut,
er zückt die Peitsche, zückt sie gut,
und peitscht damit ganz hundsgemein
nun auf das arme Rößlein ein.
Jetzt werden auch die Männer wach,
und es entsteht ein großer Krach.
Sie schrein mit Fug und Recht empört:
»Der grobe Kerl. Das arme Pferd.«
Sie greifen auch sofort zur Tat.
Sie greifen, aber nicht ins Rad,
o nein, gleich an den Hals dem Knecht,
verprügeln ihn ganz kunstgerecht,
zertrümmern ihm das Nasenbein.
Heißt Überschrift: ›Tierschutzverein.‹
Und du und ich – und ich und du,
wir stehn dabei – und schauen zu.

Fred Endrikat

Die Not lehrt Ausreden erfinden! Tragen Sie hier die Ausreden und Entschuldigungen ein, die Ihnen in einer vergleichbaren Situation eingefallen sind.

Es ist ganz gleich
ob Preuße oder Schwabe.
Verstehen und verzeihen
heißt das menschliche Gebot.
Jedweder Mensch hat etwas
Kot an seinem Stabe
doch einer streicht's dem
andern sanft aufs Butterbrot.

Fred Endrikat

Ausreden für den Umgang mit der Polizei

Wenn sie zu schnell gefahren sind...

- Ich habe mich verfolgt gefühlt und Panik bekommen. Es passiert so viel, jeden Tag. Ich bin so schnell gefahren, wie ich nur konnte.
- Ich mußte mal. Ich mußte dringend auf die Toilette. Durchfall. Sie verstehen.
- Ich bin Schauspieler. Das war nur eine Probe. Morgen drehen wir hier eine Verfolgungsjagd. Da wird hier die ganze Straße gesperrt. Hat Ihnen meine Produktion nicht Bescheid gesagt?
- Wissen Sie, ich hab' gerade keinen Führerschein, und da wollte ich die Fahrt so schnell wie nur möglich beenden...
- Eben haben sie im Radio durchgegeben, daß ab sofort nun doch das Tempolimit 100 eingeführt wird. Auf der Autobahn schaff ich das ja spielend, aber wenn in der Stadt alle mit mindestens 100 durch die Straßen zischen... wenn das mal gut geht.
- Meine Frau! Meine Frau! (Sehr jammernd). Da vorn fährt meine Frau. Man hat sie entführt. Lassen Sie mich weiterfahren. (Vorwurfsvoll). Sie machen sich mitschuldig.

Sollte die Polizei hier sofort helfend die Verfolgungsjagd mit aufnehmen, spielen sie die Sache natürlich weiter, bis sich dann herausstellt, daß es gar nicht Ihre Frau war, die da im Auto saß... ein Irrtum.

- O Wie gut, daß Sie da sind. Ich wollte nur schnell zur nächsten Telefonzelle oder zu einer Polizeistation. Meine Freundin wird gerade von ihrem Mann vergewaltigt. Sie braucht Hilfe. Dringend.

Wenn Sie von Radarfallenstellern gestoppt worden sind, erübrigt sich natürlich die Weiterfahrt. Wenn Ihnen das Motiv mit der Freundin nicht gefällt, hier noch ein paar Variationen:

- O Im letzten Dorf, da am Maisfeld, treibt sich ein Exibitionist herum.
- O Ich glaube, ich habe zu Hause das Bügeleisen brennen lassen. Bevor das ganze Haus brennt...
- O Meine Schwiegermutter hat einen Herzanfall. Ich muß sofort ihre Tropfen holen. Es ist lebensnotwendig.

Bei der Polizei ist die dümmste Ausrede, sogar ein Stottern noch besser als keine Ausrede. Die SOHIA-Methode funktioniert hier nicht. Schweigen und Dummstellen wird sofort als renitent ausgelegt.
Auch zu langes Ausreden-Überlegen ist nicht möglich, auch wenn es Ihnen gelingen würde, ein total zerknirschtes Gesicht zu gestalten. Schweigende Delinquenten machen Polizisten rasend, und Sie riskieren die Einlieferung in eine Nervenheilanstalt. Und kommen Sie bitte auch nicht auf die Idee, Ihrer Empörung Luft zu machen, etwa so:
»Na, hören Sie mal, wegen so 'ner Kleinigkeit wollen Sie mich verwarnen? Das macht doch jeder!« – Das geht nicht. Demut ist angesagt, in Gestus und Sprache.

Wehren Sie sich nicht. Schließlich geht es hier nicht um die Atombombe. Wer bei der Polizei keine Ausrede hat, kommt nicht ungestraft davon. Für die Polizei habe ich sogar schon meinen Emanzenhabitus verdrängt. Was wäre aus mir geworden, hätte ich mich nicht dämlich weiblich, sondern flott und geschickt gezeigt: Auf der Autobahn München–Stuttgart verfolgt mich die Polizei. Das war so anno 1960, und ich war gerade kein Teeny mehr. Sie fahren neben mir und gestikulieren mit den Händen. Unverschämte Kerle, dachte ich. Dürfen die das überhaupt? Flirten in Uniform? Vor einem nahenden Parkplatz streckte der Beifahrer die Kelle zum Fenster heraus und winkte mich nach rechts. Damals haben die noch nicht mit Radar- oder Fotofallen gearbeitet, damals haben die sich noch persönlich körperlich bemüht. Und – damals hatte die Polizei auch noch keinen politischen Hautgout. Sie fuhren einen Käfer, wie ich. Nur, der ihre war in einem besseren Zustand.

»Ihre Nummernschilder, die sind total verdreckt!«

Ach du meine Güte. Ich spucke in ein Zellstofftaschentuch, seidenweich und ribbelfest, und wische, wische eifrig. Langsam gehen die beiden um meinen Inland-Käfer, inspizieren gründlich. Damals gab's noch keinen TÜV. Sie beanstanden: Vorn sind die Reifen total abgefahren. Hinten sind zwei verschiedene. Mir fällt der Ersatzreifen ein, der sah dem einen hinteren so ähnlich. Sie waren einverstanden. Reifenwechseln. Sofort. Ich steigerte mein Sein zum expressionistischen Kunstwerk mit der Ausrede-Ausstrahlung niedlich-dämlich. Wenn die noch auf die Idee kommen,

Bremse, Licht und Blinker zu prüfen, darf ich nicht weiterfahren. Reifenwechseln – hätte ich locker gekonnt, aber wie wäre das mit meinem Daisy-Verhalten vereinbar gewesen?
»Aber das kann ich nicht!« Wie meine Stimme piepsen konnte! Durch ein bißchen Schauspielunterricht wußte ich, wie man augenblicklich ›große feuchte Augen‹ bekommt. Als ich dann noch sagte: »Werde ich jetzt verhaftet?« fürchtete ich, zu weit gegangen zu sein: Jetzt fühlen sie sich auf den Arm genommen. Nichts da. Sie knieten sich nieder und wechselten meine Reifen.
Ist Ihnen das schon mal passiert?

Bei Polizeikontrollen:

○ Ich habe eine Pneumonia perforitis. Es tut mir leid, aber für mich wäre es lebensgefährlich, würde ich in dieses Röhrchen blasen.

Das ist die einzige Ausrede, die mir zum Problem ›Alkohol am Steuer‹ eingefallen ist. Offenbar signalisiert hier mein Unterbewußtsein: Dafür gibt es keine Ausreden! Ich muß ihm recht geben! Ausreden für Trunkenheit am Steuer? – Dann müßte ich mir ja auch welche für Mörder und andere Gangster einfallen lassen. Doch, doch, ich meine, die Zeiten, in denen Besoffene am Steuer als Kavaliere mit Delikt von Polizeihostessen geküßt wurden, müssen vorbei sein.
Prost! Nach dem Trinken brauchen Sie keine Ausrede, sondern ein Taxi!

Ausreden für Gegner von Schrebergartenliebhabern

- Gefängnis ist schöner. Da hab' ich statt 'ner Parzelle 'ne richtige Zelle ohne Unkraut.

- Lieber such' ich in Mexiko nach Gold, als daß ich in Kleinkleckershain nach Disteln wühle.

- Lieber eß ich Kaviar im Ritz, als daß ich Brombeermarmelade in der Gartenlaube schlucke.

Man hat nie nur einen Grund
zu einer Handlung,
sondern hundert und tausend.

CHRISTIAN MORGENSTERN

Ausreden von Kellnern

○ Natürlich, meine Dame, es zieht! Es zieht ganz ungewöhnlich. Schon lange habe ich meinem Chef gesagt, er soll für ältere Herrschaften, also speziell für die alten Damen, die ja so empfindlich sind, eine Spezialnische einrichten, nicht wahr... wie meinen? Es zieht nicht mehr? Oh, gnä' Frau, Sie sind mir eine. Sie wollten sich bloß ein bißchen älter machen, entzückend!

○ Die Suppe ist nicht kalt, mein Herr, Ihre Zunge ist zu heiß! Ich bringe Ihnen ein Fieberthermometer.

Wenn die Austern nicht mehr frisch sind...

○ ...die sind frischer als die Frischen, meine Herrschaften, die waren nur noch nicht im Labor. Genießen Sie die unverfälschte Natur. Unser Chemiker hat Urlaub...

Wenn die Addition nicht stimmt...

○ ...ich hab's mir gleich gedacht. Sehen Sie, ich hab' mit meinem Kollegen gewettet, daß Sie ein Zahlengenie sind. Großartig, wie Sie meinen kleinen persönlichen Test sofort bemerkt haben. Sie könnten auftreten, mein Herr, wirklich...

○ Meine Tochter hat mir gestern die Mengenlehre beigebracht. Das ist ja so ein süßer Fratz, Sie verstehen. Also, ich muß bei Ihrer Rechnung die falschen Mengen zugeordnet haben...

Pardon, Madame

Am Bahnhof

Das ist eine Damentoilette. Da müssen Sie drei Zehner einwerfen.
Ich habe aber keine.
Dann können Sie auch nicht.
Ich muß aber dringend.
Das sagt hier jede Frau. Mit dieser Ausrede kommen Sie nicht weiter.

Der Schlumpfi

Entschuldigen Sie bitte vielmals, daß ich Ihre Morgenruhe unangemeldet störe. Ich komme von den Schlumpfwerken. Kennen Sie unsere Produkte?
Sie meinen die Schlumpfsachen, die ständig schlumpfgehen?
Pardon, Madame, aber vielleicht darf ich Ihre Bedienungsanleitung überprüfen. Kostenlos, versteht sich?!!
Bitte.
Ziehen Sie sich aus!
Bitte?
HIIILFEEE!

Wenn ER nicht will

- O Mit hungrigem Magen kann ich nicht.
- O Ich hab' zuviel gegessen.
- O Ich komme gerade vom Zahnarzt. Er hat mir ein Provisorium gemacht; bei meiner Leidenschaft könnte das zerbrechen.
- O Du hast heute so eine frigide Ausstrahlung.
- O Ich bin finanziell ruiniert. Ich hab' für neun Kinder aufzukommen. Bei mir wird jede Frau schwanger, auch mit Pille. (Wirkt – mit dem notwendigen Ernst vorgetragen – auch bei Nymphomaninnen.)
- O Ich habe heute Männergruppe.
- O Ich möchte dich einfach nur anschauen.
- O Ich liebe dich zu sehr.
- O Meine Frau kommt gleich.
- O Mein Sohn ist gerade vier Jahre alt geworden, er kommt jetzt in die ödipale Phase, verstehst du, ich möchte ihn da nicht verunsichern.

Für Mutige eine Ausrede mit Langzeitwirkung:

- O Ich bin impotent.

Wenn ER eine andere hat

- Ich habe dich nicht verdient. Du bist zu gut für mich. Schau, ich will doch nur dein wirkliches Glück, aber ich wäre dein Untergang. Weine nicht. Eines Tages wirst du es mir danken ...
- Mein Vater muß den Konkurs anmelden. Meine Mutter ist ihm davongelaufen. Ich muß ihm beistehen. Außerdem hat er mir gestanden, daß ich gar nicht sein Sohn sei, sie haben mich als halberfrorenes Baby in einer Mülltonne vor ihrer Tür gefunden. Ich bin gar nicht der, der ich bin. Du mußt verstehen, ich brauche erst einmal Zeit, um diesen Schock zu überwinden.
- Du bist doch so ein tolles Weib. Du brauchst mich nicht. Schau, die Evi, die ist so hilflos, da fühl' ich mich stark, die braucht mich. Das ist so ein konservatives feeling. Super.

Wenn SIE nicht will

- ○ Ich hab' Kopfschmerzen. Frag doch meine Schwester.
- ○ Wir kennen uns zu wenig.
- ○ Wir kennen uns zu lange.
- ○ Ich bin nicht so eine.
- ○ Doch, ich liebe dich, aber wie meinen Teddybär.
- ○ Ich kann's nur im Bett.
- ○ Ich kann's nie im Bett.
- ○ Ich hab' meine Zahnbürste vergessen.
- ○ Der Kanarienvogel schaut zu.
- ○ Meine Kontrarezeption ist unterbrochen. Ich brauche Samen von einem dynamischen Typen. Tut mir leid, aber zärtlichen Fummeltypen fehlt die notwendige Aggressivität zur Fortpflanzung.
- ○ Du trägst heute nicht die Marke, die mich anmacht.
- ○ Aber du bist doch gar nicht adlig.
- ○ Die Wände sind zu dünn, das lenkt mich ab.
- ○ Warum warten wir nicht, bis wir eine Wohnung haben?
- ○ Mein Vater ist bei der Cosa Nostra.
- ○ Ich hatte heute eine Fangopackung.
- ○ Das Pflaumenmus von deiner Mutter rumort im Bauch.
- ○ Ich muß immer an meine arme Großmutter denken.
- ○ Könnten wir nicht lieber Händchenhalten?
- ○ Dann fallen vielleicht die Regale um.
- ○ In zehn Minuten beginnt hier die Konferenz.
- ○ Mein Mann kommt gleich vom Einkaufen zurück.
- ○ Alles, was ich will, ist ein Taschentuch.

- Du zerstörst mein meditatives Sein.
- Sexualität liegt im Moment außerhalb meiner Intention zur Selbstverwirklichung.
- Nach meinem Biorhythmus wär das heute eine Katastrophe.
- Nicht in der Kirche.
- Das Taxi wartet.
- Wenn ich mit dir ins Bett gehe, werde ich mich in dich verlieben. Aber ich kann nicht mit einem Mann ins Bett gehen, in den ich nicht verliebt bin.
- Ich will nicht deine Achtung verlieren.
- Wer sagt dir, daß ich aidsfrei bin?
- Ich hab' noch nicht einmal den *Spiegel* von dieser Woche gelesen.
- Der Zug hält gleich.

Pardon, Liebling

- Ich und geflirtet? Was kann ich dafür, wenn mich die dumme Ziege ständig anglotzt?
- Ich habe sie nicht geküßt, ich habe ihr nur was in den Mund geflüstert.
- Sie will Schauspielerin werden; jugendliche Liebhaberin ist ihr Fach. Jetzt probt sie mit jedem bei jeder Gelegenheit. Wenn du schon überzeugt bist, muß sie ja tatsächlich Talent haben.

Liebe Eduard,

wie schön für Euch, daß rechtzeitig zur Geburt Eurer Zwillinge Euer neues Heim fertig geworden ist. Selbstverständlich würde ich Euch gern beim Umzug helfen, aber habe ich Euch noch nicht gesagt, daß ich zwei linke Hände (und Füße) von meinen Vorfahren geerbt habe? (Das war bisher übrigens alles!) Nein, das Chaos, das durch mich zwangsläufig entstehen müßte, kann ich Euch nicht zumuten. Aber ich denke fest an Euch.

Ganz liebe Grüße

Eure Jenni

PS: Gibt's 'ne Hauseinweihungsparty?

Ausreden für Kinderlose

Ich will kein Kind,

- O weil ich selbst eines bleiben möchte, bitte.
- O weil ich Angst vor der Atombombe habe.

… FDP sch…

Geburtenrückgang setzt sich fort

Wiesbaden (dpa). Die Bundesrepublik ist das einzige Land der Welt, in dem seit 13 Jahren die Zahl der Geburten niedriger ist als die der Sterbefälle. Auch 1984 hat sich der Geburtenrückgang fortgesetzt. Laut Statistischem Bundesamt wurden im vorigen Jahr 581 000 Kinder geboren, nur wenig mehr als 1978, dem Jahr mit der niedrigsten Geburtenzahl seit Bestehen der Bundesrepublik. Im Vergleich zu 1983 ging die Zahl der Geburten um zwei Prozent zurück, obwohl relativ starke Jahrgänge ins heiratsfähige Alter kamen und damit bei gleichbleibender Geburtenhäufigkeit mit einer Zunahme der Geburten zu rechnen gewesen wäre. Der Wunsch nach Kindern sei offenbar noch stärker zurückgegangen, als es die Zahlen widerspiegeln.

- O weil ich mich gerade selbst verwirkliche.
- O weil mir der Staat keine Amme spendiert.
- O weil die machen immer sooo einen Lärm.
- O weil ich meinen Schlaf brauche.
- O weil ich schon einen Hund habe.
- O weil ich mich bevölkerungspolitisch nicht für relevant halte.
- O weil ich nichts zu vererben habe.

- O Kinder schreien. Ich kann nicht ausgehen.
- O Kinder machen Dreck. Ich muß putzen.
- O Kinder kleckern und kacken. Ich muß waschen.
- O Kinder schreien. Ich kann nicht schlafen.
- O Kinder sprechen nicht. Ich bin geistig unterfordert.
- O Kinder muß man tragen. Mein Rückgrat würde leiden.
- O Wie soll ich da noch surfen können?

Die Not lehrt Ausreden erfinden! Tragen Sie hier die Ausreden und Entschuldigungen ein, die Ihnen in einer vergleichbaren Situation eingefallen sind.

Warum die Bayern keine Preußen nicht leiden können

Weil die immer ›Bröööötchen‹ sagen statt ›Semmeln‹!

Weil die von auswärts kemma!

Weil die den Protestantismus eingeschleppt haben.

Warum die Preußen die Bayern lieben*

* Für die wahre Liebe gibt es keine Ausrede

Übrigens aber möchte ich auch nicht gern alle Satire für unerlaubt erklären, noch leugnen, daß manche Torheiten und Unzweckmäßigkeiten, im ›weniger vertrauten Umgange‹, am besten durch eine feine, nicht beleidigende, nicht zu deutlich auf einzelne Personen anspielende Persiflage bekämpft werden können.

Endlich bin ich auch weit entfernt zu fordern, man solle alles loben und alle offenbaren Fehler entschuldigen, vielmehr habe ich nie den Leuten getraut, die so merklich affektieren, alles mit dem Mantel der christlichen Liebe bedecken zu wollen. Sie sind mehrenteils Heuchler, wollen durch das Gute, das sie von den Leuten ›reden‹, das Böse vergessen machen, das sie ihnen ›zufügen‹, oder sie suchen dadurch zu erlangen, daß man ebenso nachsichtig gegen ›ihre‹ Gebrechen sei.

ADOLPH FREIHERR VON KNIGGE

Die Ausreden-Killer-Methoden

Nach der intensiven Durcharbeitung dieses Buches sind Sie natürlich im Alltagsverkehr, wie manche psychologische Ratgeber das Leben zu bezeichnen pflegen, schwer zu überbieten. Aber es gibt Naturbegabungen, die uns überall begegnen könnten. Auf diese müssen Sie jederzeit gefaßt sein. Was nützt ein perfektes Ausreden-Training, wenn sich andere Ihnen gegenüber mit Ausreden anheischig machen wollen? Nichts. Gar nichts. Hier habe ich Ihnen ein paar Ausreden-Killer-Möglichkeiten zusammengestellt, um die Ausreden anderer im Nichts verpuffen zu lassen:

- Jemand läßt sich seit Tagen am Telefon verleugnen (Verleugnung = primitivste Form der Ausrede). Sie brauchen aber dringend eine Information oder was Ähnliches von ihm. Sie rufen ihn an und melden sich mit einem piepsigen Müller oder Meier (natürlich nur, wenn Sie nicht Müller oder Meier heißen). Der Angerufene meldet sich furcht- und ahnungslos. Sie donnern ihren wahren Namen in das Telefon, und während seiner Schreckminuten tragen Sie Ihr Anliegen vor.
- Die Sohia-Methode funktioniert auch umgekehrt. Jemand kommt mit einer Ausrede zu Ihnen: Erwidern Sie nichts, sagen Sie nicht einmal, daß man Ihnen mit solchen faulen Ausreden nicht kommen könne. Schauen Sie ihn ruhig, schweigend und bekanntschaftlich (unverwandt) an: Sie werden so-

fort mit Genugtuung feststellen, wie er versuchen wird, eine zusätzliche, noch wirksamere Ausrede zu erfinden, aber schon während des Sprechens fürchtet er, daß auch diese Rechtfertigung bei Ihnen keine Wirkung zeitigen wird. Halten Sie durch. Schweigend. Bald zappelt der andere kleinlaut: Na gut, ... es stimmt. Ich habe es vergessen. Einfach vergessen. Und schon können Sie wieder in Großmut glänzen: Schon gut, mein Lieber, schon gut, werden Sie sagen. Aber wir wollen doch immer hübsch bei der Wahrheit bleiben, nicht wahr?? Das darf ruhig ein bißchen drohend kommen. Schließlich wollen Sie sich doch Ihr Exklusivrecht auf Ausreden nicht nehmen lassen.

Traummann sucht Traumfrau

Die wunderbaren Ausreden wunderbarer Menschen, die wunderbare Menschen suchen, lesen wir jede Woche in den Wochenendausgaben unserer Tageszeitung oder auch einiger Wochenzeitschriften. Natürlich ist es unmenschlich, sich selbstkritisch darzustellen. Wer sieht sich selbst in welchem Spiegel? Und wie blühend ist unsere Fantasie, wenn es darum geht, unsere niedlichen kleinen Schwächen (sprich Mordlust, Mißgunst, Machtgier, Raffigkeit und was es da so alles gibt) zu beschreiben.
Ein Mann sucht eine Frau. Wie sieht er sich? Was wünscht er sich von ihr?

GERN EINE RIPPE FÜR MEINE EVA

Wenn ich gewußt hätte, wie schwierig es ist, eine Partnerin fürs Leben zu finden, wäre ich wohl gar nicht erst auf die Welt gekommen.
Ich möchte mein Haus und meinen (Hobby-)Bauernhof mit Leben füllen und suche eine fröhliche Mädchenfrau, möglichst sehr feminin, mit viel Charme, langen Haaren, humorvoll, selbstbewußt, nicht konformistisch, gern impulsiv, geistig aktiv, etwas sportlich, mit einem kreativen Hobby, auch häuslichen Qualitäten und sehr gern auch mit einer kleinen Tochter.
Ich bin ein Mensch mit sehr viel unverbrauchter Liebe, vierundvierzig, einsachtzig hoch, schlank und wohl auch gutaussehend, ganz sicher aber ehereif.
Ich liebe Tiere, besonders Pferde, Kunst, Konzerte, Trödelmärkte, gutes Essen, Freunde, male gern selbst und möchte mit Dir oder Ihnen, ganz wie's beliebt, gemeinsam den Sinn des Lebens erfahren.
Ich freue mich schon auf Ihren Brief, möglichst mit Foto. Ich verspreche, umgehend zu

Es ist schwierig, einen Partner zu finden. Es ist der *Umstand,* der es mir *unmöglich* macht, die richtige Frau fürs Leben zu bekommen. Ob das vielleicht an dem Herrn selbst liegt? Hat er sich das schon einmal gefragt?
Gern ist er bereit, eine Rippe zu geben. Was soll eine

Frau mit einem Mann, dem eine Rippe fehlt? Warum möchte er nicht einfach nur ein bißchen Herz geben? Das sagt man eben so, wird er sagen. Klar, das sagt man eben so.

COWBOY SUCHT LADY

Er: Deutschamerikaner, 49jr., 176 cm, sportlich.
Interessen: eigenes großes Unternehmen ständig zu erweitern,
Golf – Tennis – klass. Musik – Weltreisen.
Bin spontan, mit gutem Charakter, humor- und liebevoll.
US-Staatsbürger, in California lebend,
wünscht sich charaktervolle, zärtliche Sie, mit Flair und Niveau.
Sie soll hübsch und schlank sein, bis ± 40 Jahre,
meine vielseitigen Interessen teilen,
alles zum Aufbau einer perfekten Partnerschaft.
The perfect love!
Zuschrift mit gutem Bild bitte an

Marilyn sucht Arthur
(40 – 50 Jahre)
Im Raum HD, MA, KA.

Eine sehr attraktive Frau

groß und schlank, weltoffen, studiert, beruflich und geistig „herumgekommen“, kontaktfreudig, sucht einen adäquaten Partner (zwischen 35 und 50/in NRW), der – wie sie auch – ganz „normale“ Wünsche nach Nähe, Zärtlichkeit, Sinnlichkeit und – Familie hat. Bildzuschriften an [redacted], Post- [redacted]

ATTRAKTIVER WIRTSCHAFTSAKADEMIKER MIT STIL UND FORMAT SUCHT FÜR GEMEINSAME ZUKUNFT KULTIVIERTE PARTNERIN AUS ENTSPRECHENDEN KREISEN

Zu mir: Dreißiger (1,78), völlig unabhängig, m. Temperament, Dynamik, Herz und Humor, gesellig, natürlich, zuverlässig, sowie Interesse für Reisen, Theater, Sport, Natur und Tiere. Ihre Bildzuschrift (gar. zurück) erbitte ich bei Einhaltung äußerster

Der Cowboy, der seine Lady sucht, hat einen guten Charakter. Der attraktive Wirtschaftsakademiker (das muß man sich mal auf der Zunge zergehen lassen) hat

Stil und Format, und die Marilyn sagt mit einem Wort, in welcher Reihe sie steht und welche Kategorie von Mann ihr gebührt.

Wir wünschen ihnen allen fröhliches Suchen und glückliches Finden.

Ausreden haben so manches Paar zusammengebracht. Die Tatsachen kommen erst beim Scheidungsanwalt auf den Tisch.

Der Pöbel freilich sieht allein
die Schuld und die verdiente Pein;
der schärfre Blick erkennt im Fehle
das edle Blut, die stolze Seele.

George Gordon Lord Byron
1813

Über die lebenserhaltende Kraft von Ausreden am Beispiel Willi

Ausredenerfinden ist ein Fantasietraining. Und es ist ein fantastisches Phänomen, daß Menschen, die ohne Ausrede nicht leben können, bei jeder Gelegenheit eine Ausrede ob gut oder schlecht – parat haben.
Ich denke da an Willi. Altersmäßig müßte Willi schon längst von der Midlife-Crises gebeutelt werden, aber ihm fehlen wohl die wesentlichen Indikatoren: langjährige Ehe, erwachsene Kinder, Direktorensessel. Willi lebt seit seiner Geburt von und mit seiner Tante. Nach einigen Zweifelsjahren in seinen Zwanzigern hat er im letzten Jahrzehnt mit immer wieder neuen Argumenten und auch mit guten alten am soliden Fundament ihrer Überzeugung gezimmert: Tante Lula hat nun endlich begriffen, daß er der begabte, aber unerkannte Maler und Aktionskünstler ist. Ihm fehlt nur das Ambiente von Chagall und das Geld von Christo, mit dem dieser seine Umhüllungsprojekte finanziert.
Willi gestaltet seit vielen Jahren Crazy-Painting-Shows. Das sind abstrakte Ölgemälde, die über Diaprojektoren als Background auf die Wand geworfen und mit realen Szenen ›aus dem Leben gegriffen‹ davor ergänzt werden. Manchmal ist das eine Milchkanne auf dem Ofen, mal er selber mit seiner Zahnbürste, mal ein antikes Klo mit Kochgeschirr. Dazu gibt es einen donnernden Beethoven-Sound.
Fünf dieser Kunstobjekte hat er bis jetzt in seinem Leben gestaltet. Jedes Werk wird immer lange vorher

›in seinem Innersten‹ entworfen, verworfen, neugestaltet, bis es schöpfungsreif ist. Seine bisherigen Objekte zeigen seine derzeitige Linie nicht mehr; er schafft gerade ein neues Werk. Das kostet wieder Jahre. Beim Nachmittagskaffee bespricht er mit seiner Tante Lula das TV-Tagesgeschehen und je nach Jahreszeit die Bedürfnisse des Gartens. Für seine innersten Entwicklungsprozesse braucht er unbedingte Diskretion. Das schließt lästige Fragen wie »Na, was hast du heute geschafft?« oder »Wie weit bist du?« solange aus, bis er Zeichen gibt, daß er, meistens ist das kurz vor der Vollendung des Werkes, ansprechbar ist. Das erspart ihm viele kleine Ausreden über Jahre. Willi ist seine Ausrede selbst. Sein Leben sind seine Ausreden.

Im vergangenen Jahrhundert wäre er vielleicht der intelligente Bonvivant der Salons geworden. Heute bringt seine Kunst der Ausrede nicht einmal Unterstützung vom Arbeitsamt. Und Tante Lula ist empört, wie wenig für die Kunst getan wird.

In jungen Jahren, in denen materielle Erfolgslosigkeit aufregend intellektuell wirken kann, gelang es Willi, große Persönlichkeiten, sogar mal einen Minister, mit seinen Logiken und manchmal gar aparten Ansichten über das Geschehen dieser Welt zu faszinieren.

Aber was ist das Wort – einfach so in den Raum gesprochen? In all den Jahren ist Willi ein bißchen müde geworden. Keiner hat je seine fantasiereichen Ausreden auf Tonband aufgenommen. Viele kleine Kunstwerke verwelken im Raum. Sternstunden, die im dunklen blieben.

Heute pflegt Willi täglich liebevoll seinen Stammtischplatz. Dort weiß jedermann, daß er mit den Regieren-

den dieser Welt korrespondiert, um eine Weltausstellung mit den besten Künstlern dieser Erde zu veranstalten. Ein Lebenswerk.
Gelegentlich bringt er eine seiner Freundinnen, aber niemals eine Frau, mit nach Hause, damit Tante Lula auch teil hat an seinem aushäusigen Leben. Ansonsten ist er sorgsam darauf bedacht, daß die heilige Ruhe seiner geliebten Tante nicht gestört wird. Zuviele Kontakte könnten existenzielle Folgen haben. Diese kleine Bedrängnis ist Stimulanz für seine Fantasie.
Bald wird er fünfzig. Nach wie vor ist er schlank und schön und heiter. Seelen lieben eben die Fantasie.
Vielleicht gibt es ein paar Leute, die sich über Willi lustig machen – Willi wird sich hüten, zu bekennen, daß er sich über sie lustig macht, über alle, die ohne Fantasie und ohne Ausrede leben müssen.

Überdies wird man dadurch nicht besser, daß man seine Fehler verbirgt;
vielmehr gewinnt unser moralischer Wert
durch die Aufrichtigkeit,
mit der wir sie gestehen.

Georg Christoph Lichtenberg

Ausreden weltberühmter Leute

Im Exposé, das sind die zuckersüßen Seiten eines Autors, den Verlag auf den Autorenleim gehen zu lassen (und um Vor- und Nachschuß zu empfangen), also in dem Exposé für dieses Buch steht unter Kapitel IV ›Meine besten Ausreden – Prominente berichten‹. Aber TT's (Taschenbuch-Tantiemen) erlauben keine Ferngespräche und inzwischen wissen Sie ja auch, daß ich eine Telefonphobie habe (Ausrede! Anmerkung des Verlags). Das bedeutet, um die Ausrede-Aussagen der weltberühmten Leute zu bekommen, konnte ich nur meine telepathischen Fähigkeiten einsetzen. Alle geistigen Antennen sind ausgefahren. Ich rufe:

Lothar Loewe, TV-Intendant, Berlin

○ Ich brauche keine Ausreden. Die haben nur meine Mitarbeiter, aber nicht mehr lange. Ich werde sie alle entlassen.

Ich telepathiere nach Bonn.

Es spricht der Kanzler

○ Nun wollen wir mal so formulieren: Gelegentlich ist es naturgemäß unabdingbar, in der Wahl der Formulierungen von Definitionen Behutsamkeit walten zu la... la... ach, rufen Sie doch den Ost an.

Ich telepathiere nach München, erwische Didi Hallervorden in der Toilette seiner Garderobe von Halle 7 in der Bavaria Atelier GmbH:

○ Na ja, ist doch klar. Man flunkert sich durch's

Leben. Wenn das nicht so wäre, ja, dann würde doch keener mehr den anderen verstehen, hihihi!

Ein Telepatex auf die Bahamas, auf denen ich Otto Walkes vermute, seine Millionen in Inseln anlegend, schickt meine geistigen Strahlen unter ein Doppelbett im Plaza in Hamburg (auch für's Zimmermädchen lebt er dort inkognito). Er spricht mit mir:

○ Was, meine beste Ausrede wollen Sie vermarkten? Wie hoch ist die Auflage? Wie viele Prozente? Taschenbuch?? Nöööööööö! Ich bin nicht für Kleinvieh ... iiiiii ...

„In Österreich geht es meistens darum, einen Weg zu finden, wie man an einem brisanten Thema vorbeireden kann“.
Gerhard Bronner,
Wiener Kabarettist

Herr Gorbatschow meldet sich sofort am anderen Ende meiner telepathischen Leitung:

○ Nun, hab' ich ihm gezeigt Zähne und hat er gedacht, ich bin freindlich gewesen.

Reagen drückt sich auch nicht:

○ Smile is Power! Und alle glauben das, was ich nicht denke.

Die politische Ausrede des Herbstes 1985 von Friedrich Zimmermann:

○ Ich freue mich, daß sich die Bundesbürger beim Großversuch nicht kleinlich zeigten. Die meisten fuhren über 100. Das ist doch ein voller Erfolg.

noch mehr Geld
aus der Tasche zu ziehen!

ist das frische Grün
Bepflanzung.

Geblieben ist nur eines:
Unser ständiges Bemühen, Ihnen noch
mehr Auswahl, noch mehr Leistung,
noch mehr Atmosphäre, noch mehr
Erlebnisse und noch mehr Spaß
bei Ihrem Einkaufsbummel zu bieten.

OLYMPIA
Einkaufszentrum

Über 10

Ich habe zugenommen,

- ○ weil ich mein Diätbuch nicht finden kann.
- ○ weil meine Schlankheitspillen nichts taugen.
- ○ weil ich nicht so eine magere Ziege sein will wie die Anna S.
- ○ weil ich demnächst nach Wien ziehe und die finden mollig schön.

Ausreden für Frauen ab vierzig

Motto: Lieber alt und schick als jung und dick.

- Lieber bin ich vierzig – da kann ich mich auf mein Hirn und meine Aktien verlassen und bin nicht mehr darauf angewiesen, daß mein Petticoat verführerisch raschelt.
- Lieber fünfzig als schwanger.
- Lieber bin ich vierzig und spendiere ein Vermögen für das falsche Parfüm, als daß ich das richtige für mein Unvermögen geschenkt bekomme.
- Lieber mit fünfzig auf eine Kaffeefahrt als mit zwanzig auf einen Horrortrip.
- Lieber blase ich dem Kellner meine Fahne ins Gesicht, als daß mir ein Kloß im Halse stecken bleibt.
- Lieber bin ich mit vierzig in zehn Zimmern allein, als mit zwanzig mit Zehnen in einem Zimmer.
- Lieber habe ich Falten im Gesicht als keine im Hirn.
- Und noch viel lieber juck' ich mich unter Palmen am Meer, als daß ich von Yucca-Palmen träume.
- Lieber doziere ich vor 100 Studentinnen, als daß ich mich ziere wie eine von ihnen.
- Lieber bin ich fünfzig – da brauch ich keine Pille mehr.

An Ihrem Vorwärtskommen sind wir genauso interessiert wie Sie.

hihihi

Sie haben den Willen und den Ehrgeiz vorwärtszukommen. Aber Sie wissen auch, daß neben dem Quentchen Glück vor allem Wissen und Erfahrung dazugehören.
Gerade hier können Sie von einer erfahrenen Bank profitieren. Einem Partner mit viel Verständnis für Junge Erwachsene – wie die Deutsche Bank.
Darum bieten wir allen Berufsstartern und Stude
en besonderen Informations-Service: unsere Bros
reich bewerben – Ideen für Berufsstarter" u
h extra infos für Abiturienten und

Wer profitiert von wem ??

Die Not lehrt Ausreden erfinden! Tragen Sie hier die Ausreden und Entschuldigungen ein, die Ihnen in einer vergleichbaren Situation eingefallen sind.

Das Leben ist der Güter
höchstes nicht;
Der Übel größtes aber
ist die Schuld.

FRIEDRICH SCHILLER
1803

Plim-plam Plem-plem

Ausreden von Psychotherapeuten, die wegen ihrer persönlichen oder der Verhaltensstörungen ihrer Familienmitglieder angesprochen wurden. Es handelt sich hier um Psychotherapeuten, die in freier Praxis tätig sind oder auch in ökonomischen, ökomenischen Diensten stehen.

Dieter U. aus A.:

○ Schauen Sie, daß mein Kind stottert, ist die natürliche Reaktion eines Wesens, das schon in frühen Jahren erkannt hat, wie sinnlos es ist, der rhetorischen Perfektion seiner Eltern (Es handelt sich hier um ein Ehepaar mit einer Doppelpraxis) nachzueifern. Es ist gewissermaßen sozusagen seine aus der Ratio heraus entstandene linguistische Verweigerung. Ist das nicht wunderbar?

Sebastian U. aus L.:

○ Ich habe meine Frau erschlagen, weil sie mich nicht verstanden hat.

Curtis N. aus M.:

○ Ich fahre immer nackt in der Straßenbahn. Einmal tue ich das, um meiner Klientel ein positives Beispiel zu sein und auch um den anderen Passanten vorzuführen, wie entspannt ein Mensch ungewöhnliche Situationen meistern und die Reaktionen der Drumherumstehenden spontan positiv verarbeiten kann. Dieses Training wird natürlich nur im Sommer durchgeführt und kann als Selbstsicherheitskurs ab September in der Volkshochschule gebucht werden.

Und was sagt Ihr Psychiater oder Psychotherapeut, wenn Sie ihn ansprechen?

Ausreden
aus dem Leben
gegriffen:

Angeblichen Handwerker mit kräftigem Biß verjagt

Prostituierte warnte Kollegin per Telefon

Frankfurt (lhe). Mit einem heftigen Biß in den Arm hat eine 36 Jahre alte Prostituierte einen Mann verjagt, der sie offenkundig vergewaltigen wollte.

Wie ein Sprecher der Polizei am Mittwoch mitteilte, war der etwa 18 Jahre alte Mann bei der Frau in Bad Soden aufgetaucht, um angeblich die Heizung auszumessen. Als sie ihn aus der Wohnung weisen wollte, stürzte er sich plötzlich auf sie und drückte sie auf ein Sofa.

Kurze Zeit später tauchte derselbe Mann bei einer Prosituierten in Eschborn bei Frankfurt auf, wo er angab, den Fußboden vermessen zu wollen. Doch auch da wurde ihm eine Niederlage bereitet. Da die Frau von ihrer Kollegin bereits telefonisch vorgewarnt war, ließ sie ihn nicht in die Wohnung.

Das Pech verfolgte ihn weiter: Sein dritter Versuch, bei dem er in Eschborn Einlaß bei einer Prostituierten suchte, endete ebenfalls mit überstürzter Flucht, als eine Kollegin der Wohnungsinhaberin hinzukam.

Wer einmal ein Geschenk vergißt

Es ist unmöglich, ein Geschenk, das erwartet wird, zu vergessen. Und es ist eine absolute Katastrophe, einen Geburtstag, Hochzeitstag, einen Namenstag oder sonst einen Gedenktag, an dem Geschenke angesagt sind, zu übersehen. Nicht einmal überschäumende Liebenswürdigkeit mit der sogenannten entwaffnenden Offenheit *(Ich hab's einfach vergessen!)* kann verhindern, daß sich der/die zu Beschenkende gedemütigt fühlt. Den Umstand, der zu dieser Katastrophe geführt hat, projizieren Jubilare auf ihre Person: »Ich werde ja immer vergessen.« Vergessene Personen sind da nicht vergeßlich. Sie werden es Ihnen Ihr Leben lang nicht verzeihen. Erbtanten pflegen da testamentarisch zu reagieren, gewiß!
›Glaub mir, nur Geschenke berücken Menschen und Götter. Ein Jupiter selbst wird durch Geschenke versöhnt‹, schrieb der römische Dichter Ovid aus seiner Verbannung am Schwarzen Meer in sein Lehrbuch des Liebens, vor zweitausend Jahren!

Die Kunst des Liebens schließt die Kunst des Schenkens ein. Von diesen hehren Künsten aber kann die Rede hier nicht sein, weil wir das Geschenk vergessen, verlegt, versäumt haben und nun unsere Fantasie für die schönsten Ausreden brauchen.
Derzeit liegt mir gerade kein statistisches Material einer gezielten demoskopischen Untersuchung vor, aus dem hervorgeht, welches Geschlecht auf vergessene Geschenke empfindlicher reagiert.

Nehmen wir mal an, hier gibt es keinen kleinen Unterscheid, und denken wir an die vergessenen **männlichen** Seelen. Ich möchte auch das ewige Zikkenbild von der beleidigten Frau am vergessenen Hochzeitstag, das **männliche** Karikaturisten geschaffen und strapaziert haben an dieser Stelle nicht aufscheinen lassen.

Nehmen wir mal an, Sie haben seinen Geburtstag vergessen. Er ist schon am Abend vorher sanft gekränkt, weil Sie so gar keine feierliche Vorbereitungsatmosphäre ausstrahlen. Am Geburtstagsmorgen wachen Sie auf. Eine dumpfe Ahnung schlummert noch, und plötzlich schießt es Ihnen vom Fußzeh via Herz in den Kopf: Geburtstag. Ich habe seinen Geburtstag vergessen! Ohne eine Bewegung lauschen Sie mit roten Ohren Richtung Nachbarbett. Nichts. Er schläft wohl noch. Vielleicht rührt er sich auch deswegen nicht, um seine Demütigung voll auszukosten. Wäre ein vergessener Geburtstag nicht ein schöner Beweis für seine letzten kleinen Vorwürfe, wie wenig Sie seiner gedenken?
Bewahren Sie Ruhe. In dieser allerallerletzten Minute räkeln Sie sich noch einmal sanft schnarchend in die Kissen und denken nach. Fieberhaft. Es kann sein, daß er sie jede Minute aufwecken wird, um Sie (mit Trauer-Triumph) daran zu erinnern, daß heute sein Tag ist. Na, und vielleicht schälen Sie sich dann langsam aus den Federn in die Federn. Ein Love-In ist schließlich ein liebes Geschenk.

Vorausgesetzt, es krähen keine Kinder um Sie herum,

und vorausgesetzt, Sie sind freiberuflich oder selbständig (wie das die meisten Paare im Fernsehen sind) – also dann huschen Sie (ungeachtet des Feier- oder Wochentags) in glucksender Heimlichtuerei mit dem Telefon ins Badezimmer (bei schicken Leuten ist die Schnur dazu lang genug) und bestellen im **Conti**, **Riz** oder **Bellevue** ein Champagner-Frühstück für zwei. Über diese Bestellung läuft der Originalton Dusche. Es soll ja schließlich eine Überraschung sein. Frisch wie der irische Frühling schnuckeln Sie ihm nun Ihre Geburtstagsglückwünsche ins Ohr, ziehen Ihren schönsten Cocktailfetzen an und bestellen das Taxi. Weil er Geburtstag hat, darf er anziehen, was er will. Sie overdressed, er wahrscheinlich im Trainingsanzug, das ist jet-set-like.
Und wegen der paar hundert Mark sollten Sie nicht traurig sein. Ein Wollpulloverdessin ist nächstes Jahr schon unmodern, aber das Champagnerfrühstück mit Ihnen vergißt er nicht. Wetten?

Ersatz für Vergessenes ist keine klassische Ausrede. Aber Tatsachen sind auch Ausreden; gelebte Ausreden. Ich meine, es gibt keine bessere Ausrede für ein vergessenes Geschenk als die ›rettende Idee‹ in letzter Minute.
Ähnlich wie das Champagnerfrühstück können Sie natürlich einen Zirkus- oder Zoo-, Theater- oder Kabarettbesuch blitzarrangieren. Wenn alle Karten ausverkauft sind, rufen Sie nach zehn Minuten mit leicht verstellter und ziemlich energischer Stimme noch einmal an: »Hier ist das Sekretariat des Bürgermeisters. Bitte hinterlegen Sie zwei gute Karten für die Vorstel-

lung und bestätigen Sie mir die Reservierung sofort!« Das klappt nur, wenn es zwingend selbstbewußt klingt.

Was aber, wenn auch die allerallerletzte Minute verronnen und wirklich keine Chance für eine rettende Idee geblieben ist?

Dann bleibt uns eben nur die zwingende Notwendigkeit der kleinen Lügelchen:

- Ich habe etwas Schönes für dich bestellt, aber es ist noch immer nicht angekommen! Ich bin empört!
- Aber du irrst dich gewaltig. **Morgen** ist dein Geburtstag. Heute ist erst der xxxte!
- Ich und deinen Geburtstag vergessen! Bist du verrückt? Ich hab' den Udo beauftragt, das Geschenk in seinem Landrover zu transportieren, in mein Auto paßte es nicht mehr hinein. Da muß was passiert sein, ich ruf ihn gleich mal an. (Hier ist die aktive Hilfe eines Freundes notwendig, und einen Tag und eine Nacht haben Sie Zeit, sich ein entsprechend voluminöses Geschenk einfallen zu lassen.)
- (Beim Hochzeitstag) – Liebling, ich glaube, mein Unterbewußtsein hat meine Bewußtseinsebene total verdrängt. Noch immer fühle ich wie am ersten Tag. Wie kann ich da an ein Jubiläum denken? Sind wir wirklich schon so lange verheiratet?
- Gestern wollte ich meine Geburtstagsüberraschung für dich abholen, aber stell dir vor, sie haben sie mir nicht gegeben. Unsere elektrischen Leitungen müssen erst überprüft werden (für eine Solaranlage).
- Halli-Hallo – mein Schatzilein, schalt doch mal das

Radio ein! (heiter und beschwingt). Heute kommt im Wunschkonzert meine Überraschung für dich! (Nach der Sendung können Sie sich dann gebührend über die Unzuverlässigkeit der Medienaffen aufregen.)

Hier notieren Sie bitte ihre besten Ausreden-Einfälle der letzten drei Monate. Um beschämende Entlarvungen zu vermeiden, empfiehlt es sich, PARDON im Safe zu bewahren.

Die Not lehrt Ausreden erfinden! Tragen Sie hier die Ausreden und Entschuldigungen ein, die Ihnen in einer vergleichbaren Situation eingefallen sind.

Bei einem Fehltritt hat
man immer
Siebenmeilenstiefel an.

PETER SIRIUS
1899

Wenn der Gerichtsvollzieher kommt.

Im Fernsehen lebt der Schriftsteller in einer Villa – die Decke balkendurchzogen – mit wertvollen Gemälden an den Wänden und einer Büchergalerie voller ledergebundener Erstausgaben. Er trägt Seidenschals und blütenweiße Hemden, darüber die fellgefütterte Nappalederweste. Er raucht Pfeife, steht sinnierend am Sprossenfenster und läßt den Blick über sein parkähnliches Anwesen schweifen.
Im Leben steht der freiberufliche Autor vielleicht auch am Fenster, vielleicht blickt er auch sinnierend durch die Scheiben, aber nicht den nächsten Satz seines neuesten Romans ergrübelnd (der entsteht nämlich am Schreibtisch); er denkt nach über Ausreden.

Der Gerichtsvollzieher steht ins Haus. Die letzte Frist des Mahnbescheides ist verstrichen. Und wenn das E-Werk den Strom noch nicht abgeschaltet hat, (die sind absolut unerbittlich, – rigoroser als jedes Finanzamt oder gar die Strafvollzugsbehörden!), also, wenn die Klingel noch funktioniert, wird sie unerbittlich schrillen: Und er wird dastehen, freundlich, er wird sich vorstellen und fragen: »Sind Sie Frau/Herr Sowieso?« Und hier ist eine große Chance, die die meisten aus naiver Freundlichkeit, aus absolut tolpatschigem Wahrheitsfanatismus leichtfertig verspielen: *Tut mir leid, aber ich bin nicht Herr/Frau Sowieso!* Ruhig und bestimmt sagen Sie das. Und: *Herr/Frau Sowieso wohnte einmal hier, manchmal kommt noch Post*

für ihn/sie, aber soviel mir bekannt ist, wollte er/sie nach Amerika gehen. Mehr weiß ich nicht.
Meiner Freundin und Kollegin Susanne ist diese Ausrede spontan an der Tür eingefallen und es hat wunderbar geklappt. Der Mann ist nicht wiedergekommen. Aber ein halbes Jahr später ist Susanne ausgezogen. Die Angst, daß er doch eines Tages wiederkommen und im gleichen Moment die schwatzhafte Nachbarin ihren Namen rufen könnte, tyrannisierte ihr Leben. Von der Ölrechnung über 2400 Mark wurde Susanne dann nicht weiterverfolgt.

Ist es Ihnen aber nicht möglich, so geistesgegenwärtig Ihre Identität zu verlassen, gibt es noch ein paar Ausreden, bei denen Ihnen jeder Gerichtsvollzieher Aufschub gewähren muß. Wenn er Ihnen den Mahnbescheid vorlegt, schauen Sie kurz auf die geforderte Summe und sagen: *Tut mir leid, dieser Bescheid ist nicht mehr gültig. Ich habe heute morgen einen Scheck mit der Post abgeschickt.* Ein Scheck erspart Ihnen, daß er den Einzahlungsbeleg verlangt. Sie müssen nur die Summe angeben. Und die braucht wiederum nur einen kleinen Teil des geforderten Betrages auszumachen. *Ich würde ja gern bezahlen, aber mehr habe ich im Moment nicht. Nächste Woche erwarte ich vom Verlag einen größeren Betrag, da ...* Der Gerichtsvollzieher schreibt dann auf den Mahnbescheid ›zahlungswillig, aber nicht -fähig‹. Vorausgesetzt, Sie können noch am gleichen Tag oder sofort am nächsten Morgen tatsächlich einen kleinen Scheck abschicken, werden Sie für einige Wochen Ruhe haben. Ohne Scheck bringt die Ausrede Aufschub für vier bis fünf Tage.

Gerichtsvollzieher sind auch Menschen. Sie reagieren genervt und ungeduldig, wenn ihre Klienten hilflos und verzweifelt ob seiner Forderungen sind. Das ist logisch, denn alle Leute sind hilflos und verzweifelt, wenn der Gerichtsvollzieher kommt. Wenn Sie aber ruhig bleiben und ihn freundlich um Rat bitten, wie Sie sich in dieser einmaligen, fatalen Situation verhalten sollen, wird er Amtshilfe leisten, d. h. er wird auch in besonderen Fällen noch einen kleinen Rat wissen, wie Aufschub zu bekommen ist.

Wenn der Gerichtsvollzieher aber schon viele Male da war und Ihnen überhaupt keine Ausreden mehr einfallen, geht es nur noch mit Hilfe eines Freundes, am besten eines ebenfalls freiberuflichen Kollegen, der ganztägig telefonisch zu erreichen ist. Also, wenn der Gerichtsvollzieher mal wieder stumm und fragend an der Tür steht, sind Sie absolut empört, daß diese Angelegenheit immer noch nicht erledigt werden konnte. *Es tut mir wahnsinnig leid, aber mein Verlag hat mich im Stich gelassen.* Das werden Sie bestimmt sehr überzeugend bringen, ist es viele Male Wirklichkeit gewesen. (Es muß sich hierbei um einen Konkurrenzverlag handeln. Anmerkung des Verlags.)
Der Scheck hätte schon vor zwei Monaten da sein sollen. Da sehen Sie mal, wie unsereiner geachtet ist. Warum nur, warum habe ich Vollidiot keinen anständigen Beruf gelernt, wie Sie zum Beispiel?
Sie bitten ihn herein und bedauern zutiefst, ihm keinen Calvados anbieten zu können. Aber den definitiven Bescheid, den soll er haben. Sofort. »Ich muß herausfinden, was da los ist. Ich rufe jetzt sofort beim

Verlag an.« Das werden Sie natürlich nicht tun, weil Sie gar keinen Scheck mehr zu erwarten haben. Sie rufen die Nummer Ihres Freundes und melden sich nicht mit ›Horst‹ wie sonst, sondern: »Ja, hier ist Horst Maria Trimmel, verbinden Sie mich bitte mit der Honorarabteilung!« Auf das eingeweihte Brabbeln Ihres Freundes reagieren Sie entsprechend empört: »Ich weiß, das haben Sie mir doch schon vor zwei Wochen gesagt, Frau Bergengrün. Aber wann ist denn nun Ihr Computer umgestellt? Schließlich steht mir der Betrag von zwanzigtausend Mark seit zwei Monaten zu. Ich werde Ihrem werten Hause den Zinsverlust in Rechnung stellen... Schließlich bin ich kein Bittsteller, sondern ein zu dieser Forderung berechtigter Autor, merken Sie sich das bitte!«
Es gibt Aufschub. Ganz bestimmt. Auch Gerichtsvollzieher sind zu beeindrucken. Diese kleine telefonische Manipulation hat noch den wunderbaren Nebeneffekt, daß man einmal das gesagt hat, wovon man schon so viele schlaflose Nächte geträumt hat. Einmal der Honorarabteilung Dampf zu machen, bringt einen Höhenrausch, der dann plötzlich das Gerichtsvollzieherproblem winzig klein erscheinen läßt.

Die Not lehrt Ausreden erfinden! Tragen Sie hier die Ausreden und Entschuldigungen ein, die Ihnen in einer vergleichbaren Situation eingefallen sind.

Des Menschenfreundes
Lüge in der Not
ist edler als des
Menschenhassers Wahrheit.

Johann Gottfried Herder
1805

Aus der Schule

Lehrer an der Herder-Schule Gießen

○ Ich habe Eure Mathearbeit noch nicht durchsehen können, weil ich ein Babybild von mir für Volkers Poesie-Album gesucht hab'.

Ein Zehnjähriger zu seiner Mutter

○ Ich hab' die Tasse nicht runtergeschmissen. Das war die Anziehungskraft aus dem Magnetfeld der Erde, weißt du.

Torsten, 11 Jahre alt

○ Ich habe meine Hausaufgaben nicht, weil meine Katze die hat gestern Durchfall gehabt. Die ist über den Tisch gelaufen und da ist ihr alles hinten runtergefallen. Und alles auf mein Matheheft. Das hat meine Mutter gleich weggeschmissen wegen der Unhygiene.

Bine, 10 Jahre alt

○ Ich habe meine Hausaufgaben nicht, weil unser Hase gestern vernichtet worden ist. Und da hab' ich einen Schock gekriegt.

Oliver, 10 Jahre alt

○ Ich habe meine Hausaufgaben nicht, weil ich so viel gelernt hab', daß ich nicht mehr schreiben konnte.

Warum Julia nicht weltberühmt geworden ist

Julia wollte Schauspielerin werden. An ihrem großen Talent zweifelte in unserer Klasse keiner. Und heute – wo ich über Schauspieler und ihre Ausreden nachdenke – ist mir Julia sofort wieder eingefallen. Sie war die personifizierte Ausrede. Schauspieler brauchen keine Ausreden – sie sind Ausreden. Dabei spielt es keine Rolle, *was* ein Schauspieler sagt, es ist allein wesentlich, *wie* er es sagt.

Meine Freundin Julia Zimenes – sie hatte schon in der Schule diesen Künstlernamen – war ungewöhnlich schlecht in Mathe, was ja auch immer ein Zeichen hoher künstlerischer Begabung sein soll. Wenn Quarkheulchen (das war die Lieblingsspeise und der Spitzname unseres Mathelehrers), wenn also Quarkheulchen an Julia eine penetrant mathematische Frage stellte, lief sie keineswegs rot an, sondern räkelte sich langsam aus ihrem hölzernen Schulfauteuil, dabei bewegte sie ihre Schultern rollend nach oben, zog die Arme leicht in die Höhe, lächelte und warf mit der linken Handrückenseite die feinen und manchmal auch die unsichtbaren Strähnchen aus ihrem Gesicht. Bis sie aufrecht, also antwortbereit stand, verging fast eine Minute und jeder wartete gespannt auf eine herrlich absurde Ausrede oder aber die erlösende Lösung. Auch wenn Quarkheulchen um absolute Stille gebeten hatte, einen gab es immer, der es nicht aushalten konnte, sein Wissen in dieser Minute zu verschweigen. Julias halbgeschlossene Augenlider täuschten. Sie war hellwach, ihre Ohrmuscheln waren in alle Himmelsrichtungen weit geöffnet und empfangsbereit für jedes mathematisch klingende Geräusch. Wenn es kam, war es gut, blieb es aus, begann Julia zu flöten: »Als Sie neulich die Extraaufgabe an die Tafel zeichneten, ich meine, Herr Professor, war da der Weg nicht der gleiche...« Oder sie sagte: »Ich habe gestern eine wissenschaftliche Abhandlung über die Unmöglichkeit des geistigen Gleichgewichts bei mathematisch und sprachlich Begabten gelesen. Ich gehöre wohl nicht zu den sprachlich...« Einmal, Quarkheulchen fragte sie in ihr perlendes Lachen hinein, sprang tiefe Trauer aus ihrem Gesicht: »Mein Tennispartner hat sich gestern das Bein gebrochen. Seine Eltern waren nicht da. Ich habe für seine Einlieferung ins Krankenhaus sorgen müssen. Der Vorfall hat mir einen Blackout gebracht. Es tut mir leid, sehr leid.« flüsterte sie.

Julia ist Schauspielerin geworden. Einmal erklärte sie mir, warum sie nicht so bekannt wie Marilyn Monroe geworden ist. »Damals war es noch wichtig, daß man als Elevin zwei Jahre am Provinz-Theater spielte. Damals gab es die Freßwelle, und die wirklich großen Regisseure sind doch nur in die Städte gefahren, wo sie ihre Subventionen in den feinen Gourmet-Schuppen verfressen konnten. Da hat unsereiner in die Röhre geguckt. Ich glaube, daß dadurch viele große Talente unentdeckt geblieben sind.«

Auf Partys sagt sie heute: »Ich habe meine Karriere für meinen Mann geopfert. Meine Familie ist mir wichtiger.«

. . . und laden wir Euch herzlich ein . . . (oder Wie man Kinder und Hunde fernhält!)

Selbstverständlich lieben Sie Kinder. Aber es gibt nun einmal besondere Kinder. Ekelpakete. Und die Kinder der Missenbachs sind der absolute Horror. Nur die Missenbachs selbst scheinen anders darüber zu denken.
Damit den lieben Kleinen nichts passiert, rufen Sie am Tag der Party an und verkünden, daß eines Ihrer Kinder mit Verdacht auf Mumps oder Masern oder einer anderen Kinderkrankheit im Bett liegt, die die Missenbachschen Ekelpaketchen noch nicht gehabt haben. Wenn Sie Pech haben, sagt Frau Missenbach: »Prima, da können sich gleich alle Vier anstecken, und wir haben es hinter uns.«

Oder Sie avisieren den merkwürdigen, allerdings sehr amüsanten Bundestagsabgeordneten, dessen Steckenpferd die Bildungsreform ist. Er sagt so gefährliche Sätze wie »Die Schule macht krank« oder »Lernen quält die Kinder«. Also, unsere Kinder kommen vorsichtshalber zur Oma. Eine Konfrontation mit diesem Mann ist nicht zu verantworten.

Hunde fernzuhalten ist dagegen ein Kinderspiel. Am Tag des Festes rufen Sie alle Besitzer an und informieren sie besorgniserregt, daß am Vormittag ein tollwütiges Eichhörnchen in Ihrem Garten gefunden worden ist. Und im übrigen käme Dr. Mümmel auch. Man munkelt, daß er der Boß einer großen Tierfängerorganisation sei und nur auf Partys gehe, um den noch frei herumlaufenden Bestand zu erfassen...

Damit Sie mit den goldenen Pantoletten und den feinen italienischen Schuhen nicht in ein dreipfündiges Exkrement eines der Hundekälber treten (seit der Müsli-Time sind die großen Hunde in Mode gekommen; einer muß ja das Fleisch essen), kündigen Sie ein knalliges Feuerwerk um Mitternacht an. Alle großen Hunde haben Angst vor einem Gewitter, erst recht vor Feuerwerkskörpern. Und vor dieser seelischen Grausamkeit möchten Sie doch Ihre Gäste bewahren...

Wie schütze ich mich vor Partys?

Wir kennen sie alle – die Leute, die Leute rücksichtslos einladen, weil sie sich zu Hause anöden, streiten oder vor dem Fernseher einschlafen.

Zwei- oder dreimal im Jahr bekommen sie einen Kommunikationsanfall und laden alle Freunde, Bekannte und manchmal sogar Verwandte ein. So dreißig bis fünfzig Stück. Nein, die Hausfrau steht nicht in der Küche. Sie darf, wie in den letzten Jahren schon praktiziert, im Wohnzimmer mitreden. Der Hausherr ordert beim Partyservice heiße Töpfe, kalte Platten und harte Getränke. Jeder hat seine Portion zu schlucken, auch Sie, wo Sie gerade die kritischen drei ersten Tage der neuen Brigitte-Diät überstanden haben und alle Diät-Bestandteile milligrammweise für die gesamte Woche im Kühlschrank liegen. Und *keine Zeit* glaubt Ihnen keiner mehr, und *keine Lust* wagen Sie nicht zu sagen, weil Sie das Buch *Die Kunst, Nein zu sagen* immer noch nicht durchgearbeitet haben.

Ich möchte Ihnen hier die ›Auf-dem-Weg-zu-Euch-Telefonzellen-Methode‹ vorschlagen. Die zeigt den guten Willen – man war schon unterwegs – und originelle Gründe schmücken Partys. Gastgeber pflegen gute Ausreden den Gästen bekanntzugeben:

- Ich bin auf dem Weg zu euch, in einer Telefonzelle. Als ich ins Taxi steigen wollte, lag da ein kranker Mann auf der Straße. Ein Obdachloser, betrunken war er auch und halberfroren. Und schrecklich verhungert sah er aus. Ich habe ihn ins Krankenhaus gebracht. Es ist so herzlos, wie wir leben. Ich kann heute nicht mehr mit euch fröhlich sein.

Wenn Ihnen diese melodramatische Ausrede mit dem sozialkritischen Touch unpassend erscheint, nehmen Sie diese:

○ (Mühsam Aufregung unterdrückend) – Hallo Hans, hör' gut zu. Ich kann nicht kommen. Bin jetzt in einer Zelle, nein in einer Telefonzelle, ich hab' da vorhin in einem Café ein Gespräch von drei Männern mitangehört, zufällig. Die planen einen Überfall. Ich muß jetzt schnell die Polizei anrufen. Entschuldige bitte. Servus. Ich melde mich wieder.

Und wenn sich Hans am nächsten Tag erkundigt, hat sich das alles in ein dummes Mißverständnis verwandelt. Die drei Herren sind im Eros-Center verschwunden und das war ja ganz am anderen Ende der Stadt ...

Wenn Sie ein bis zwei Stunden nach Festbeginn beim Gastgeber anrufen, wird er Ihnen nur mit halbem Ohr zuhören. Es ist ihm dann egal, ob Sie was von Marmeladeeinkochen oder Nervenzusammenbruch erzählen. Bei einer fröhlichen Party vergibt er Ihnen gutgelaunt, bei einer traurigen haben Sie nichts versäumt.

Hilfestellungen und Notumstände anderer sind heutzutage akzeptable Partyverhinderungsgründe, nicht aber selbstgebrochene Beine oder Arme, auch nicht Migräne. Gipsbeine oder -arme sind auf jeder Party willkommen und für nichtfrakturelle Leiden weiß heute jeder ein todsicheres Naturheilmittel oder einen Wundertyp, der sofort alles wegakkupunktiert.

Wie schütze ich mich vor Delikatessen und Cocktails?

Wenn Sie einmal auf einer Party gelandet sind, helfen Ausreden nicht viel. Die neue fürsorgliche Nächstenliebewelle bringt es mit sich, daß immer mehr Partygänger immer mehr Partygängern einfach Bröckchen (›Koste mal! Schau, ich denk an dich!‹) überfallartig in den Mund schieben. Hier hilft ein Mundschutz. Sollten Sie aber keinen in passender Smoking- oder Jeansfarbe dabei haben, holen Sie sich aus der Apotheke ein paar Zahnarzttampons und schieben Sie diese zwischen Kiefer und Wange. Mit vielsagendem Blick brauchen Sie den ganzen Abend nur noch zu nuscheln: *Zahnarzt*.

Wie aber schützen Sie sich vor einem Essen, bei dem man zu Tische gebeten wird? Sie nehmen gelassen Platz und ziehen begeistert den Duft durch die Nase. Während sich die Berge auf Ihrem Teller häufen, nehmen Sie unter Tische die entspannende Kutscherhaltung ein, die Sie in der Volkshochschule beim autogenen Training gelernt haben. Das hilft, Ihrer Vorstellung, daß jetzt gleich eine Fontäne aus Ihrem Gesicht über den Tisch schießen wird, entgegenzuarbeiten. »Das riecht ja köstlich! Was ist es denn?« Die glückliche Köchin oder der nach Bestätigung lechzende Hobbykoch wird sich nicht zurückhalten können: »Rinderschmorbraten mit Lakritzensauce in Sauermilch mit Preiselbeergelee, frischen Morcheln und . . .« Mit der Hand vor dem Mund lassen Sie einen spitzen

Schrei los. »Frische Morcheln? Ich bekomme sofort rote Pusteln am ganzen Körper und schreckliche Atembeschwerden. Ich bin absolut allergisch gegen frische Morcheln.«
Falls Sie schon mal mit einem Gast der Tischrunde genüßlich frische Morcheln gespeist haben sollten, ergänzen Sie: »Bis vor drei Monaten konnte ich Morcheln schlucken, soviel ich wollte. In meiner Bewußtseinsebene muß da ein Kindheitstrauma hochgekommen sein. Kann ich bitte ein Glas Wasser haben?«
Vor lauter Grauen sind Sie ganz blaß im Gesicht und die Erleichterung, den Pampf nicht essen zu müssen, treibt Ihnen die Tränen der Dankbarkeit in die Augen und aus den Augen. »Ich brauche dringend frische Luft.« Vor weiteren Fragen fliehen Sie auf den Balkon.

Wie ein heimliches Gift nagt und frißt die beständige Lüge, der peinliche Selbstzwang an den innigsten Kräften unseres Daseins und mit krankhaftem Behagen füttern wir den Wurm, der uns verzehrt.

ERNST FREIHERR VON FEUCHTERSLEBEN
1838

Ausreden um die heiligen Dukaten

- Ganz klar, Helmut, sowie ich wieder aus dem Minus heraus bin, leihe ich dir das Geld, aber im Moment geht das wirklich nicht. Hättest du einen Tag vorher angerufen! Stell dir vor, genau gestern haben wir das Ritz in Paris gebucht, das hätte natürlich ebensogut der Erbprinz in Ettlingen sein können. Ganz klar, das hätten wir für dich getan.

- Wir wollen unsere Freundschaft nicht mit Geldgeschäften belasten. Grundsätzlich gebe ich dir jede Summe. Psychisch sozusagen. Aber unsere Freundschaft ist mir zu teuer, als daß ich es ertragen könnte, daß du dich mir verpflichtet fühlen müßtest.

- Stell dir vor, gerade habe ich eine Absage von der Bank bekommen, daß mein Überziehungskredit auf dem Girokonto nicht weiter erhöht werden kann. Verdammt, ich bin in der gleichen Lage wie du. Aber vielleicht hast du eine Idee, den *wir* anpumpen könnten.

Und alle Jahre wieder – die lieben Ferientiere

Uschiiii? Wie schööön, daß du anrufst. Ja? Wie schöööön, daß du dich endlich auskuren kannst. Nun zeigt sich dir das Leben auch wieder von der Sonnenseite. Ich bin sooo glücklich mit dir! Die Kinder sind auch gut untergebracht?! Fantastisch, wie du das alles managst. So eine alleinerziehende Mutter steckt doch fünf Männer auf einmal in die Tasche. Oskaaar? Ach, jaaa, Oskar! Na klar. Du hast damals gefragt, ob wir Oskar... ich erinnere mich. Wie die Zeiten vergehen. Jaja, aber weißt du, das liebe Tier würde sich bei uns nicht mehr wohl fühlen. Wir müßten ihn die ganze Zeit in den Keller sperren. Eine schlimme Sache. Hab' ich dir nicht von meinem Allergietest erzählt? Uschi, ich bin absolut allergisch gegen Katzen- und Hundehaare, vor vier Wochen wurde das festgestellt. Asthma mit Erstickungsgefahr. Mein Gott, wie mir der Oskar leid tut... ja, nicht wahr, das können wir ihm nicht antun... du machst das schon? Du bist wirklich fantastisch, Uschi, wenn meine Frau nicht deine Freundin wäre, ich würde dich glatt heiraten...

○ Ob wir deinen Graupapagei für zwei Wochen nehmen? Grundsätzlich helfen wir dir immer, Hannes. Aber du kennst unsere Einstellung. Jeder Seele ihre Freiheit. Du weißt, *wie* wir das meinen!

○ Wir sind beide untröstlich, Marianne. Wir wollten doch deinen Chihuahua zu uns nehmen, wenn du in Urlaub fährst – jaja, wie geht's der süßen Gigi? Jaja, es ist so schrecklich, Rosis Mutter kommt ins Krankenhaus, genau in dieser Zeit, – wir müssen ihren Dobermann hüten. Ich leide für Gigi, die sich doch so vor großen Hunden fürchtet...

Sorgsame Frauchen werden ob dieser Fürsorge dankbar eine andere Lösung finden.
Und für den Fall, daß Marianne später nach der operierten Schwiegermutter fragen sollte, wurde die Operation natürlich verschoben. Die Ausrede ist dann noch einmal verwendbar.

Wie nützlich ist die Kunst,
zu rechter Zeit
zu lügen.

PIERRE CORNEILLE
1643

Faule Ausreden fleißiger Männer

○ Ich helfe dir doch gern im Haushalt, Schatz, aber Hemden bügeln kann ich nun wirklich nicht.

Der Herr aber hat gelernt, Bäume zu pflanzen, Flaschen zu entkorken, er kann Tiere schlachten, Brötchen backen, er kann Straßen pflastern und Atombomben bauen, aber Hemden bügeln kann er nicht.

○ Ich helfe dir gern, sag mir nur, was ich machen soll.

Das heißt: Verantwortlich bist du. Ich halt mich da grundsätzlich raus, bin aber immer bereit, meine Nettigkeit zu zeigen, also, du kannst niemals behaupten, ich würde dir nicht helfen wollen.

Das ist die faulste Ausrede aller faulen Männer und hinterhältig obendrein. Und keine Frau der Welt sollte diese faule Ausrede mit dem destruktiven Gedanken ›Bis ich ihm das sage, mach' ich das lieber selbst‹ weiterhin unterstützen!!

○ Die guten Gläser trocknest lieber du ab, du weißt doch, wie ungeschickt ich bin.

○ Mit dem alten Staubsauger kann ich einfach nicht umgehen. Wenn wir einen neuen von der Oma zu Weihnachten bekommen, dann nehme ich dir die Arbeit ab, Schatz!

○ Du weißt doch, was so eine Autoreparatur kostet. Es ist wichtig, daß ich mich am Wochenende gründlich um die Instandhaltung kümmere. Ich muß den

Vergaser reinigen. Die Kinder sollen sich gefälligst die Kinderstunde anschauen! Schon vorbei? Na, dann eben das, was jetzt kommt. Also, stell dich nicht so an!

Solchen ›Vätern‹ fällt jedes Wochenende ein neues Fluchtmotiv ein. Lassen Sie sich doch mal einen Kostenvoranschlag von einem Psychologen für Diagnose und Therapie Ihrer vaterlos aufwachsenden und verhaltensgestörten Kinder machen.

- Fensterputzen, Liebling, also das kann ich mir nun wirklich nicht leisten. Stell dir doch mal vor, wenn mich einer sähe! Ich mach alles, du weißt das (siehe Ausreden vorher), aber als Richter (Arzt, Lehrer, Schornsteinfegermeister, Feldwebel) kann ich schließlich nicht Fensterputzen.

- Ich bin so glücklich, daß ich eine so junge Frau habe; ehrlich Schatz, mit meinem Rücken könnte ich so schwere Sachen nicht tragen.

- Fantastisch, was du jeden Tag auf den Tisch zauberst. Bin ich froh, daß ich nicht wie meine arme Kollegen auf den Kantinenfraß angewiesen bin.

- Es muß eine tiefsitzende Phobie in mir sein. Wirklich, es tut mir so unendlich leid, daß ich deine kranke Mutter nicht besuchen kann. Ich würde sie sogar hier bei uns zu Hause betreuen, aber ins Krankenhaus kann ich einfach nicht gehen. Mir wird sofort schlecht.

Die Not lehrt Ausreden erfinden! Tragen Sie hier die Ausreden und Entschuldigungen ein, die Ihnen in einer vergleichbaren Situation eingefallen sind.

So sagt man,
jemand bekleide ein Amt,
wenn er von
dem Amt bekleidet wird.

GEORG CHRISTOPH LICHTENBERG

Leute, die man kennt, nicht kennt

Es gibt ja Leute, die kennt man und kennt man, und ... kennt sie doch nicht. Das ist ganz schlimm, vielleicht kennen Sie das auch. Diese peinlichen Situationen hat ja jeder von uns schon mal mitgemacht, durchgemacht, durchgestanden: Also, ich stehe auf einem Bahnsteig, plötzlich werde ich von einem Herrn begrüßt, der sagt: »Guten Tag, wie geht's, auch mal wieder unterwegs, was macht die Arbeit?«

»Ooooch«, sage ich, »es läppert sich so.«

In Wirklichkeit denke ich, Mensch, wer ist das bloß, wo stecke ich den Mann hin, keine Ahnung. Und der andere plappert munter drauflos, er müsse jetzt zu einer Besprechung nach Düsseldorf, den Kindern ginge es gut, der Frau Gemahlin dito, man ist zwar etwas dicker geworden, aber was soll's?

Menschenskind, denke ich, wer ist das bloß? Man will sich ja schließlich nicht blamieren und unhöflich sein. Ist das vielleicht der Dr. Armbruster, den ich mal vor sieben Jahren auf dieser, na, auf dieser Bundesjugendplangeschichte getroffen habe? Ich frage darob gaaaanz vorsichtig: »Ach ja, wissen Sie noch, damals in Regensburg, das waren noch Zeiten?!« Keine Reaktion.

So was ist entsetzlich, kann ich Ihnen sagen. Dann sagt der Mann: »Ich bin jetzt damit beschäftigt, der ganzen Sache mehr Kontinuität zu geben.«

Also, das sind Sätze, mit denen ich überhaupt nichts anfangen, geschweige denn den Mann ausmachen kann. Und da fällt mir plötzlich ein, richtig, klar, das ist ja der

Hans Peter Schmalenbach, mit dem ich mal bei einem Ernährungsmittelkongreß zu tun hatte. Aber sofort kommen mir wieder Zweifel, zum Donnerwetter! Denn der andere sagt: »Ich komme jetzt gerade aus Freiburg, wir haben da so eine Art Zweigstelle.«
»Jaja«, sage ich. »Jaja«, sage ich immer wieder, als wäre ich genauestens informiert. »Jaja, das ist ja auch sehr wichtig«, sage ich, ich weiß gar nicht mehr, was ich sagen soll, »öh, wichtig und sicher sehr schön für Sie, dieses ganze, bei mir ja auch, dieses ganze...«
Und der andere sagt: »Sehen Sie, als wir uns damals trafen, da hatten Sie gerade...« – »Jaja«, sage ich, »das habe ich manchmal...«
Mensch, wo soll das nur gewesen sein. Im Geiste gehe ich blitzschnell durch: Hamburg, Köln, Bern, St. Gallen, Saarbrücken, Basel, Bremen, Mainz: nichts.
»Das war doch sehr nett«, redet er schon weiter, »damals in dem kleinen Nest, wie hieß es doch gleich?«
»Ja, verflixt«, sage ich, »wie hieß es doch gleich, wie hieß es doch nur, da war doch noch, nein, das war da wohl weniger...«
Furchtbar, und man hat doch immer Angst, daß man sich verplappert, so daß der andere merkt, daß man ihn nicht erkannt hat, oh, ist das peinlich.
Na ja, und dann sagt man: »Wiedersehen, gesund bleiben, Gruß zu Hause und alles Gute«, und weg ist er. Und tagelang überlegt man dann, wer das wohl gewesen sein könnte. Was sage ich, tagelang, manchmal dauert's jahrelang, bis man weiß, wen man kennt und wen man wirklich kennt.
Jaja, Sie kennen das auch: Je verzweifelter man sich innerlich überschlägt, konzentriert, herumhirnt, der

Name kommt nicht. Auch Rekapitulationen nach Freudscher Situations-Rückruf-Methode wollen da nicht funktionieren. Sinnlos ist alles weitere Bemühen. Eine Ausrede und nur eine Ausrede kann weitere qualvolle Verkrampfungen verhindern.
In den ersten Sekunden einer solchen Begegnung ist schon klar, daß einem der Name nicht einfallen wird. Ganz ruhig und locker, vielleicht mit ein bißchen Bedauern im Gesicht werden sie sagen: *Bei meinem letzten Unfall hatte ich einen Schock (Gehirnerschütterung) und seitdem ist mein Namens- und Telefonnummerngedächtnis blockiert. Ich muß jeden Bekannten und Verwandten nach seinem Namen fragen ...*

Diese Ausrede soll nur eine Anregung für Sie sein. Die Ursache für Ihren Gedächtnisschwund stimmen Sie bitte auf Ihre persönlichen Möglichkeiten ab. Es ist natürlich nicht glaubhaft, wenn ein Finanzbeamter von seinem letzten Rodeo-Unfall erzählt. Hier wirkt ein Schock über eine Versetzung wegen Computerisierung des Finanzamtes glaubhafter. Auch der Tod der Großmutter ist ein hübsches Ursachenmotiv.
Ihre persönliche Kreativität wird hier noch unendliche Varianten entdecken können.
Es ist der höhere Sinn einer Ausrede, Schuld abzuweisen. Entweder auf andere Personen, oder aber auf Umstände, hervorgerufen durch höhere Gewalt.
Eine peinliche Situation ohne Ausrede bleibt schmerzvoll und sinnlos. Wem bitte würde es nützen zu sagen: »Verdammt, ich bin so blöd, Ihr Name fällt mir nicht ein.« Oder: »Sie waren damals schon so stinklangweilig.«

Für eigene Fehler
sind wir Maulwürfe,
für fremde Luchse.

SPRICHWORT

Der große Psycho-Test

Welcher Ausreden-Typ sind Sie?

Haben Sie – auch vor sich selbst – akzeptiert, daß Ausreden zu Ihrem Alltags- und Sonntagsleben gehören? Dann sind Sie Ihrer persönlichen Selbstfindung schon wieder ein Schrittchen näher gerückt. Aber als strebender Mensch wird sich Ihr Bewußtsein damit nicht zufriedengeben und so meine ich, daß Sie sich von der nagenden Frage ›Welcher Ausreden-Typ bin ich?‹ mit dem nachfolgenden Test befreien sollten. Auf nicht ganz unheitere Art wird es Ihnen gelingen, wieder ein Stückchen, ja NOCH ein Stückchen SELBST kennen- und lieben zu lernen. Und wieder ist eine neue Portion Selbstbewußtsein angesagt. Irre stark ist das, wenn die anderen so harmlos und hilflos – ohne sich als Ausreden-Typ zu kennen – durch die TV-freien Zeiten schlittern. Wer seinen Typ weiß, weiß auch, was er von sich zu halten hat.

Beantworten Sie alle Fragen spontan. Zuerst aber stellen Sie Ihr persönliches Stigma fest:

A B C

Wählen Sie von diesen drei Figuren die aus, die Ihnen spontan am sympathischsten ist.

Nun zu den Fragen:

① Wie stehen Sie zu rosa Nelken?
B Positiv
C Negativ
A Neutral bis ambivalent

② Ist es Ihnen besonders unangenehm, wenn Sie beim Nasebohren von Ihrem Chef erwischt werden?
A Ja
C Na ja.
B Der hat ja auch Popel in der Nase.

③ Denken Sie bei dem Wort ›Souflé‹ an:
C einen Beruf?
B ein Essen?
A eine Sportart?

④ Bewundern Sie an Ihrem Partner die Fähigkeiten, in Ihrer Gegenwart mit anderen zu flirten und sich dabei unschuldig zu fühlen?
A Ja
B Nein
C Vielleicht kann ich ihm/ihr nicht alles geben.

⑤ Sie sind im Kaufhaus beim Diebstahl eines teuren Feuerzeugs erwischt worden:
B Ich füge mich in das Unvermeidliche.
C Ich mache sofort auf betrunken.
A Ich suche mir eine passende Ausrede aus diesem Buch heraus und trage sie dann vehement vor.

⑥ Schnippen Sie oft ungeduldig mit den Fingern?
A Ja
B Nein
C Manchmal, wenn meine Freundin nicht zum Orgasmus kommt.

⑦ Welche Farben bei Söckchen bevorzugen Sie?
B rosa/hellblau
C braun/schwarz
A lila/rot

⑧ Gibt es Körperstellen bei Ihrem Partner, die Sie bisher nicht zu berühren wagten?
A Ja
C Nein
B Da muß ich mal überlegen.

⑨ Meinen Sie nicht auch, daß
A Sie sich in einem künstlerischen Beruf besser selbst verwirklichen könnten?
B Sie mehr zur Rettung des Waldes beitragen sollten?
C Alkohol nur an Personen über 30 abgegeben werden sollte?

(Hier kreuzen Sie bitte nur die Frage an, die Sie mit Ja beantworten. Zwei Antworten sind möglich.)

Zählen Sie nun Ihre A-, B- und C-Punkte zusammen. Ihr persönliches Stigma zählt als Doppelpunkt. Wenn es mit Ihrem Buchstaben, der in der Anzahl überwiegt, nicht übereinstimmt, kommt auch ein Teil des anderen Buchstabens für Sie in Frage.

Vorwiegend A-Antworten mit A-Stigma
Sie sind der elegante Lavier-Typ.
Es amüsiert Sie, daß Sie sogar peinliche Angriffe mit treffsicheren Ausreden abblitzen lassen können. Das gibt Ihnen eine Überlegenheit, die Sie hin und wieder gern aufs Spiel setzen. Sie leisten es sich sogar, eine leicht widerlegbare Ausrede anzubringen, nur um im zweiten Zug noch eleganter zu brillieren. Kein Vorgesetzter, kein Partner-Talkman, kein Bisexueller wird Sie aus dem Gleichgewicht bringen. Auch Ihr körpersprachliches Ausredenpotential ist bemerkenswert sicher. Auch die peinlichste Situation überspielen Sie mit Ihrem einmaligen Lächeln. Ihr Ausredenrepertoire und Ihre persönliche Vortragskunst machen Sie zum beliebten Partygänger mit persönlicher Dauer-Show.

Vorwiegend B-Antworten mit B-Stigma
Ihre hohe Sensibilität ermöglicht es Ihnen einerseits sofort die Atmosphäre zu erfühlen, andererseits verhindert sie die manchmal rettende Schlagfertigkeit. Ihr feinnerviges Wesen ist überall willkommen, und nur selten werden Sie mit der Notwendigkeit konfrontiert, Ausreden erfinden zu müssen. Ihre Ehrlichkeit besticht. Einfühlsam und fast scheu scheuen Sie sich aber nicht, die Menschen über Ihre lyrische Begabung aufzuklären. Da Sie eher Gedichte schreiben als Ausreden erfinden, werden Sie dieses Büchlein wohl zu Ihrem ständigen Begleiter erwählen. Sie tun gut daran.

Vorwiegend C-Antworten mit C-Stigma
Ausreden sind Ihrer Meinung nach Firlefanz, aber man kommt heutzutage nicht mehr ohne aus. Früher hat

man Angriffe mit der Faust beantwortet, aber das kann ja heute keiner mehr bezahlen. Da Ihnen nur selten Fehler unterlaufen, haben Sie es auch nicht nötig, Ausreden ständig parat zu halten. Wenn nötig, schießen Sie einen deftigen Spruch locker aus der Hose. Dabei zeigt Ihr körpersprachlicher Ausdruck hohe Perfektion: Mit vorgeschobenem Kinn und halb erhobener Rechten untermalen Sie Ihre dadurch stets beeindruckenden Ausreden.

Ein bißchen Lüge und viel Attitüde

Eigentlich wollte ich meinen Nachbarn Georgi bitten, mit mir zusammen die Ausreden zu schreiben. Ich glaube, daß er da sehr begabt ist. Aber Georgi kann nicht. Er schreibt einen Roman. Georgi ist Lehrer und seit Jahren arbeitslos. Seit er eine Dauerwelle hat, schreibt er Literatur. Nein, seit er Literatur schreibt, hat er eine Dauerwelle. Überhaupt hat er sich einen Künstlerlook zugelegt, der ihn vor jeder Anstellung schützt.

Seit vier Jahren nun schreibt Georgi große Literatur. ›Der Lenz beißt sich ins Bein, wenn mein Buch rauskommt.‹ Oder: ›Der Grass kann einpacken mit seiner Fisch- und Rattenhandlung.‹ Das sagt er auch. Und seit drei Jahren ist sein Manuskript zur Ablieferung fällig. Die fünfte Rohfassung ist fertiggestellt, sagt er. Die wesentlichen Telefongespräche mit dem Verlag habe ich zufällig mitbekommen.

Im ersten Jahr sagt er:

○ Meine Frau ist mit 'nem Kerl nach Amerika abgerückt. (Er ist nicht verheiratet, auch nicht zusammenlebend.) Mein seelisches Tief erlaubt mir jetzt nicht, konkrete Zusagen zu machen. Ich bitte Sie um einige Monate Aufschub.

Im zweiten Jahr sagte er:

○ Meine Frau ist mit 'nem Kerl nach Amerika abgerückt. Der hat bei Frisco einen Zirkus aufgemacht, und weil der Dollar so günstig war, hab' ich meinen ganzen Vorschuß investiert. Jetzt ist ihnen der

Elefant eingegangen, der den River-Quai-Marsch auf der Trompete blasen konnte... Ich brauche dringend... Das Manuskript? Ich beschäftige mich gerade mit den letzten Seiten der zweiten Rohfassung. In wenigen Wochen wird das abgeschlos... Aber sicher kann ich für die nächste Messe – – Sie können sich darauf verlassen.

Im dritten Jahr sagt er:

O Meine Frau ist doch mit dem Kerl nach Amerika... toll, was Sie für ein Gedächtnis haben. Ja, der Zirkus. Ach, das ist gut ausgegangen. Die sind von der großen Feuerbrunst damals erwischt worden. Alles in Flammen, das Zelt und alles. Und das zahlt ja die Versicherung. Aber wie das Leben so spielt. So 'n Kitsch. Verliebt sich meine Frau in den Versicherungsagenten, der verpaßt ihr das ganze Geld, sie türmen. Der andere ist sauer, und weil er sich durch die Erzählungen meiner Frau in meinem Haus so gut auskennt, hat er hier eingebrochen. Alles weg. Mein kleiner Tresor, meine Zopfnadel mit dem Rubin und, was das Schlimmste ist, meine vorletzte Rohfassung, die eigentlich nun meine endgültige Fassung...

Weiter habe ich nicht hingehört. Georgi bewegt sich im Grenzbereich zwischen Ausrede und Lüge und verkörpert den Typ von Ausreder, der überzeugt ist: je detaillierter, desto glaubhafter. Ob Georgi nun ein großer Literat ist, der gern Literaten Literaten schimpft, sei dahingestellt. Des Literaten Attitüde jedenfalls hat er, und dafür lebt er.

Mit der richtigen Attitüde ist schon so mancher Schriftsteller geworden. In anderen Branchen soll das auch möglich sein.

Eine Attitüde ist die verfestigte und verinnerlichte Form der Ausrede, die auch äußerlich getragen wird.